Wir bauen Modelle

Volk und Wissen Verlag
GmbH

W0236167

Autoren:

Dr. paed. Charlotte Chudoba
Dr. paed. habil. Brigitte Kleszak
Doz. Dr. paed. habil. Bernd Meier
Dr. paed. habil. Dieter Mette
Dr. rer. nat. Fritz-Peter Zeißler

Dieses Werk ist in allen seinen Teilen urheberrechtlich geschützt. Jegliche Verwendung außerhalb der engen Grenzen des Urheberrechts bedarf der Zustimmung des Verlages. Dies gilt insbesondere für Vervielfältigungen, Mikroverfilmungen, Einspeicherung und Verarbeitung in elektronischen Medien sowie Übersetzungen.

ISBN 3-06-050408-3

1. Auflage
5 4 3 2 1 / 97 96 95 94 93
Alle Drucke dieser Auflage sind unverändert und im Unterricht parallel nutzbar.
Die letzte Zahl bedeutet das Jahr dieses Druckes.

© Volk und Wissen Verlag GmbH, Berlin 1993
Printed in Germany
Redaktion: Jan-Holger Gründler
Illustrationen: Roland Jäger, Katharina Knebel, Karl-Heinz Wieland, Wolfgang Zieger
Zeichnungen: Ulrike Braun
Einband und typographische Gestaltung: Wolfgang Lorenz
Satz: DTP VWV
Repro: Carl Schütte & C. Behling, Berlin
Druck und Binden: Gebr. Garloff, Magdeburg

Inhalt

Warum Turm nicht gleich Turm ist

Zu allen Zeiten wurden Türme für verschiedene Zwecke errichtet.

Stadttürme, Leuchttürme oder auch die Türme vieler Kirchen zeugen von der hohen Baukunst unserer Vorfahren.

Auch heute noch werden Türme gebaut, z. B. Fernsehtürme. Das Baumaterial hat sich im Verlauf der Jahrhunderte verändert. Waren es am Anfang Holz und Natursteine die zum Bauen verwendet wurden so sind es heute vor allem Stahl und Beton.

Welche Türme kennst du und welche Zwecke erfüllen sie ?
Welche Materialien wurden beim Bau verwendet ?
Hast du schon einmal versucht, das Alter dieser Türme zu schätzen?
Erkunde, ob mit dem einen oder anderen dieser Türme Geschichten und Legenden verbunden sind!

Der Turm zu Babel

Selten hat eine Stadt des Altertums durch die Jahrhunderte hindurch die Fantasie der Menschen so angeregt wie Babylon. Sie ist zum Inbegriff einer großen Stadt mit prachtvollen Bauten geworden. Zu diesen zählt der Turm von Babel.

Sein Name „Fundament von Himmel und Erde" deutet darauf hin, daß die ersten Türme zur Verehrung der Götter errichtet wurden.

Darüber hinaus vermutet man, daß von der obersten Plattform des Turmes Himmelsbeobachtungen ausgeführt wurden und dieser als eine Art Observatorium diente. Denn viele der Erkenntisse über den Lauf der Sterne, der Planeten, über Sonnen- und Mondfinsternisse nahmen ihren Weg von Babylon. Die Legende vom Turm in Babylon sagt, daß er so hoch war, daß man ein ganzes Jahr brauchte, um den Mörtel und die Steine vom Fuß des Baus zu den an der Spitze arbeitenden Maurern hinaufzuschaffen. Eine andere Geschichte könnt ihr in der Bibel nachlesen.

So hat dieser Turm die Fantasie von Künstlern, Malern und Schriftstellern angeregt und sie haben ihn als runden, viereckigen, einer Pyramide ähnlichen Turm gezeichnet oder beschrieben.

Um einen Turm zu bauen, mußt du verschiedene Dinge beachten , damit er nicht einstürzt :

1. Die Stabilität des Turmes hängt von der Größe der Grundfläche ab.

2. Wenn die Bausteine im Verband (mit versetzter Fuge) angeordet werden, gewinnt der Turm an Stabilität. Diese Bauweise wird Läuferverband genannt.

3. Die Bausteine müssen sorgfältig geschichtet werden. Der Turm muß lotrecht (senkrecht) stehen. Dazu benutzt der Maurer das Lot. Das Lot ist ein an einem Faden hängendes Metallstück mit Spitze. Damit wird die senkrechten Lage einer Mauer geprüft.

4. Ein Turm kann mit Hilfe von Stützen und Trägern in Massiv- oder Skelettbauweise gebaut werden. Stützen heißen die senkrechtstehenden Bauteile, Träger heißen die waagerechten, langverlegten Bauteile. Bei der Skelettbauweise wird weniger Material benötigt.

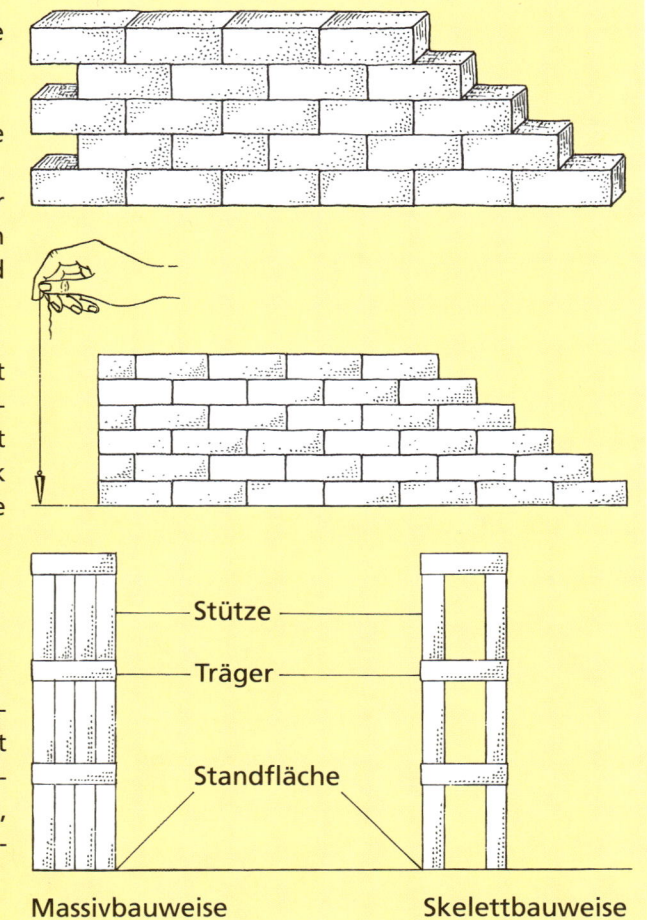

Stütze

Träger

Standfläche

Massivbauweise   Skelettbauweise

Hat dich die Geschichte vom Turm zu Babel angeregt, dann baue ihn so, wie du ihn dir vorstellst!

Dazu benötigst du:
● etwa 60 Bausteine (aus Kunststoff oder Holz)

So kannst du vorgehen:
● Lege zunächst die Grundfläche.
● Baue die folgenden Schichten im Läuferverband.
● Verwende für die Gestaltung Stützen und Träger.

Der Leuchturm von Alexandria

Leuchtfeuer entlang der Küsten und vor Hafeneinfahrten sind so alt wie die Seefahrt selbst. Sie wiesen den Menschen, die aufs Meer hinausgefahren waren, bei Dunkelheit oder Unwetter den Weg zum schützenden Hafen zurück.

Der einzige Leuchtturm der Antike, über den wir Kenntnis erlangten, war der größte und bekannteste des Altertums und eines der sieben Weltwunder – der Leuchtturm von Alexandria.

Er war über 100 Meter hoch und sein Leuchtfeuer war 30 bis 50 Kilometer weit zu sehen. Der erste große Leuchtturm der Welt war das Werk des angesehenen Baumeisters Sostratos. Er hatte den Leuchtturm allen seefahrenden Völkern des Altertums gewidmet. Im Jahr 280 v. Chr. errichtet, diente er anderthalb Jahrtausende der Seefahrt als weithin sichtbare Landmarke. Im 14. Jahrhundert wurde er durch ein Erdbeben völlig zerstört.

Baue aus Alltagsgegenständen einen Leuchtturm und installiere eine elektrische Anlage, mit der du Signale geben kannst!

Dazu benötigst du:

- *Leuchtturm*
  Grundplatte – Styropor , Holzbrett ,Karton ①
  Turm mit Spitze – Küchen- oder Tapetenrolle, Papier ②
  Plattform – Styropor, Nägel ③
  Dach mit Laternenraum – Papier ④

- *Elektrische Anlage*
  Flachbatterie (4,5 V) ⑤
  Leitungsdraht ⑥
  Schalter (Aludraht oder Büroklammern, Reißnagel, Abfallholz) ⑦
  Lampe mit Fassung (3,5 V) ⑧

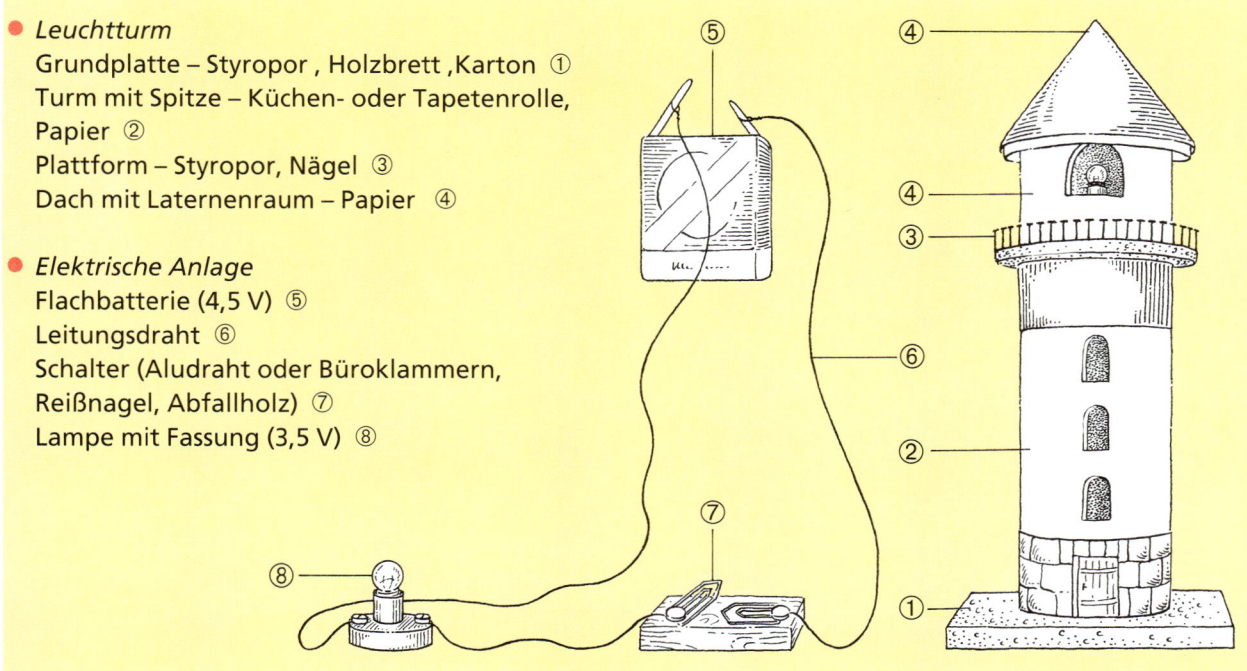

So kannst du vorgehen:

- Turmsäule herstellen (Öffnung für Kabelführung).
- Plattform mit Brüstung herstellen (Durchbohren der Styroporplatte, Nägel einstechen, evtl. einkleben).
- Dach und Laterne herstellen.
- Befestigen der Laterne und farbiges Gestalten des Turmes.Sockelbildung und Stabilisierung.

Erweitere die elektrische Anlage so, daß du neben dem Lichtsignal (Leuchtfeuer) auch das Nebelhorn (akustisches Signal) realisieren kannst. Verwende dazu Teile aus einem technischen Baukasten.
Das Nebelhorn läßt sich auch aus Naturmaterial gestalten. Benutze dazu Weiden- oder Holunderholz.

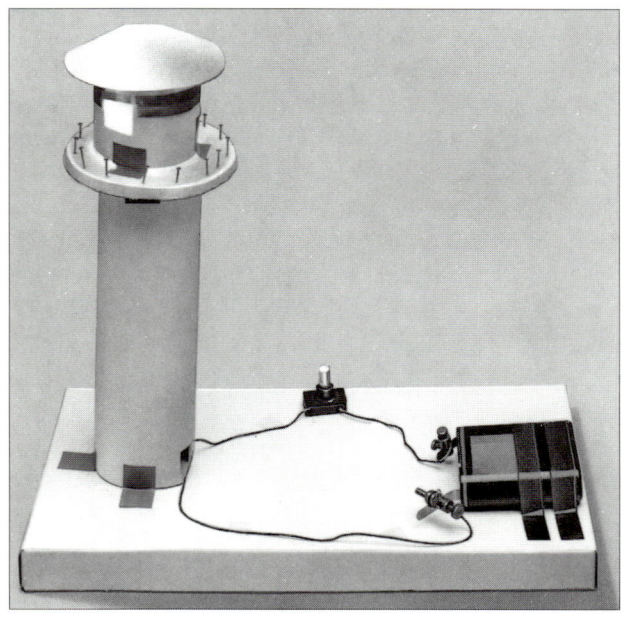

Der Eiffelturm in Paris

Der französische Ingenieur Gustave Eiffel baute in den Jahren 1887 bis 1889 den nach ihm benannten Turm in Paris. Es ging ihm darum, mit dem höchsten Turm der Welt eine technische Attraktion für die damalige Weltausstellung zu schaffen.

Eiffel wollte beweisen, welch schwindelnde Höhen man mit der damals noch neuartigen reinen Stahlbauweise erreichen kann. Dieser 300 Meter hohe Eiffelturm demonstriert nicht nur neuartige Konstruktionen, sondern auch eine völlig veränderte Baumethode. Er besteht aus 15 000 Einzelteilen und war vorgefertigt. Alle Teile wurden millimetergenau angeliefert und konnten so in nur 26 Monaten montiert werden.

Um einen solchen Turm zu bauen, solltest du wissen, was an diesen Konstruktiosformen neu war.
In den langen Entwicklungsetappen der Menschheit konnten fast alle Bauvorhaben mit den Konstruktionsformen Stütze, Träger und Wand gelöst werden (vergleiche Turm zu Babel). Durch die Entwicklung von Wissenschaft und Technik im 19. Jahrhundert wurde es möglich, tragende Bauteile in einer neuen Form zu errichten:
– dem Fachwerk.

1. Fachwerke bestehen aus Bauteilen, die zum Dreiecksverband zusammengefügt sind.
Der Stab ist das Bauelement des Fachwerkes.
Knoten heißen die festen Verbindungspunkte zwischen zwei oder mehreren Stäben.
Das Dreieck ist das einfachste stabile Fachwerk.

2. Durch den Diagonalstab (Strebe) wird der instabile Vierecksverband in Dreiecke zerlegt und damit stabil.
Das kannst du überprüfen, indem du ein Viereck aus Flachstäben montierst und dann mit einer Strebe stabilisierst.

3. Fachwerke können unterschiedliche Formen haben.

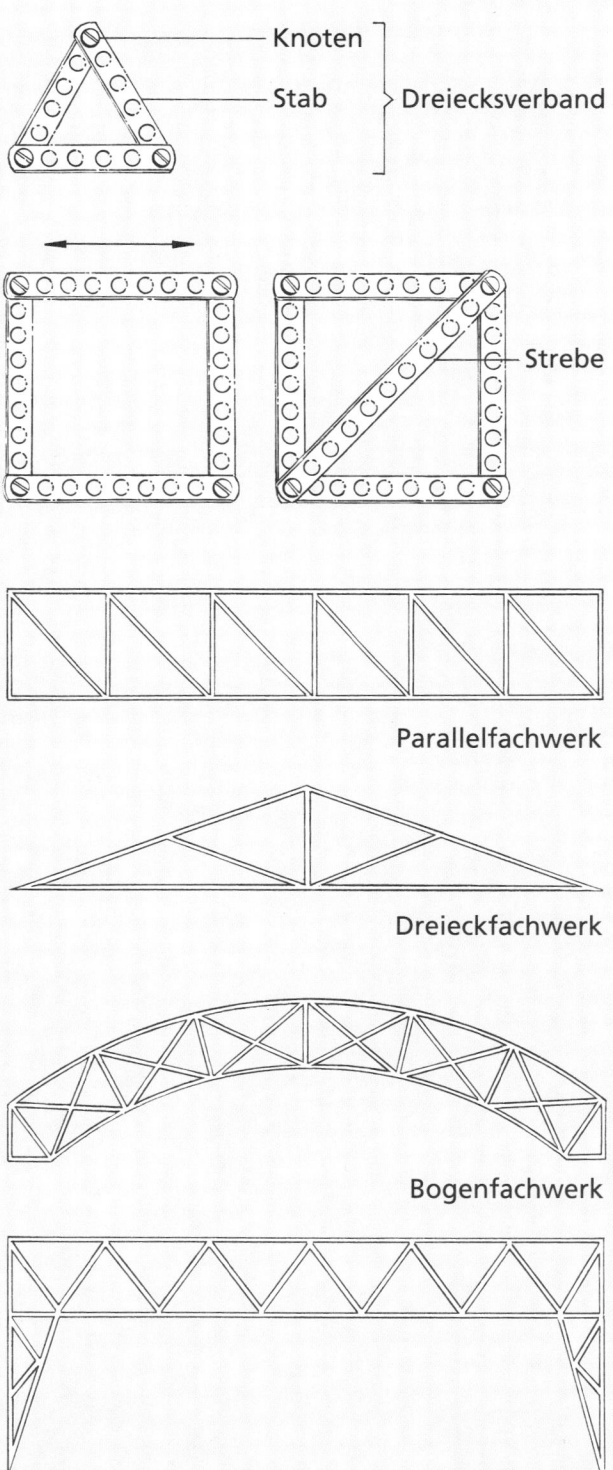

Knoten
Stab
Dreiecksverband

Strebe

Parallelfachwerk

Dreieckfachwerk

Bogenfachwerk

Rahmenfachwerk

Baue aus Bauteilen deines Metallbaukastens einen
Turm, der dem Eiffelturm in Paris vielleicht ähnlich
sieht!

Dazu benötigst du:

Teil	Stück	Benennung	Maße
	9	Muttern	M4
	8	Schrauben	M4 x 6 / M4 x 12
7	14	Flachstab	1/1 Loch
6	4	Flachstab	5 Loch
5	2	Flachstab	7 Loch
4	11	Flachstab	9 Loch
3	8	Flachstab	11 Loch
2	6	Flachstab	19 Loch
1	2	Flachstab	25 Loch

Solltest du nicht genügend lange Flachstäbe besitzen, kannst du die kürzeren durch Überlappung verlängern. Um eine stabile Verlängerung zu erhalten, verwende die 2-Loch Überlappung.

So kannst du vorgehen:

- Verbinde die Bauteile ① ② ③ zum Erdgeschoß des Turmes. Stabilisiere mit Bauteil ④.
- Montiere die erste Etage des Turmes mit den Bauteilen ③ und ④. Stabilisiere mit Bauteil ⑥.
- Montiere die zweite Etage des Turmes mit den Bauteilen ② und ⑤.
- Jetzt montierst du Erdgeschoß, erste und zweite Etage mit den gleichen Bauteilen noch einmal und verbindest beide Teile am Anfang und Ende der Etagen mit den Bauteilen ④ und mit Hilfe von Winkelstücken ⑦. So erhälst du den fertigen Turm.

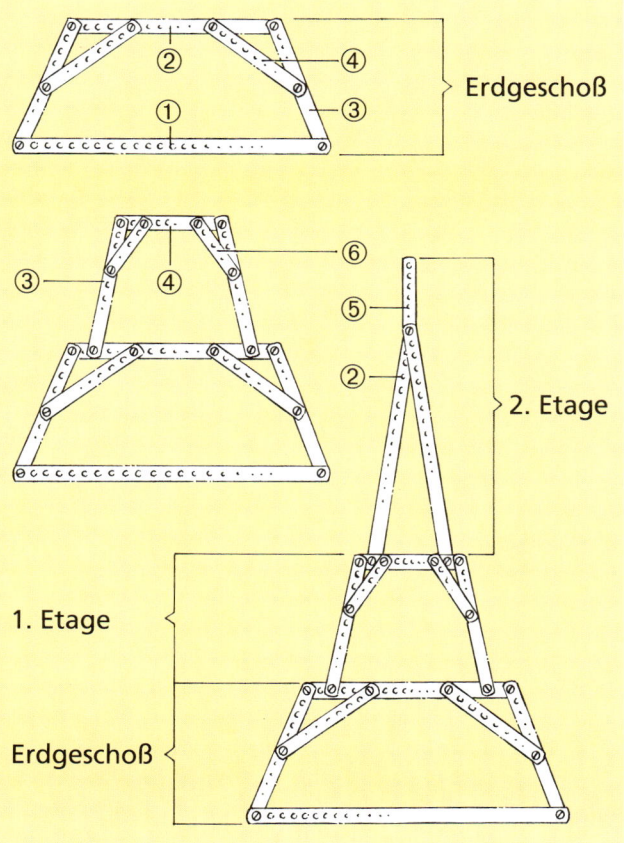

Alle 6 Jahre von Juni bis Oktober betreiben einige Dutzend schwindelfreie Maler am Eiffelturm Turmkosmetik und verarbeiten dabei 35 Tonnen Farbe. Daraus erkennst du vielleicht die wirtschaftlichen Probleme, die mit Stahltürmen verbunden sind. Überlege, aus welchen Materialien Türme der neueren Zeit sind, z. B. Fernsehtürme!

Der Schiefe Turm von Pisa

176 Jahre lang haben drei Generationen von Handwerkern an diesem, aus weißen Marmor, 54,5 m hohen Turm gebaut. Schon vor der Fertigstellung des Turmes war man über seine Schräglage beunruhigt. Und wohl der Spott der Nachbarstädte führte zu seiner Fertigstellung im Jahre 1350. Seit sieben Jahrhunderten stellt man Jahr für Jahr die zunehmende Neigung des Turmes fest und sagt seinen Einsturz voraus. Wie dieses Bauwerk beispielsweise Erdbeben, den Zweiten Weltkrieg, Eingriffe zur Festigung des Turmes überstehen konnte, setzt die Menschen in Erstaunen. Vielleicht muß man, wenn die Wissenschaft keine Antwort darauf weiß, die alte Legende hinnehmen, nach der der Turm nie einfallen wird, weil die Seelen der Schöpfer Tag und Nacht pausenlos bemüht sind, ihn aufrechtzuerhalten.

Du hast Erfahrungen im Turmbauen gesammelt. Welche Antworten würdest du geben, warum der Turm sich so schiefgestellt hat?

Hindernisse werden überwunden

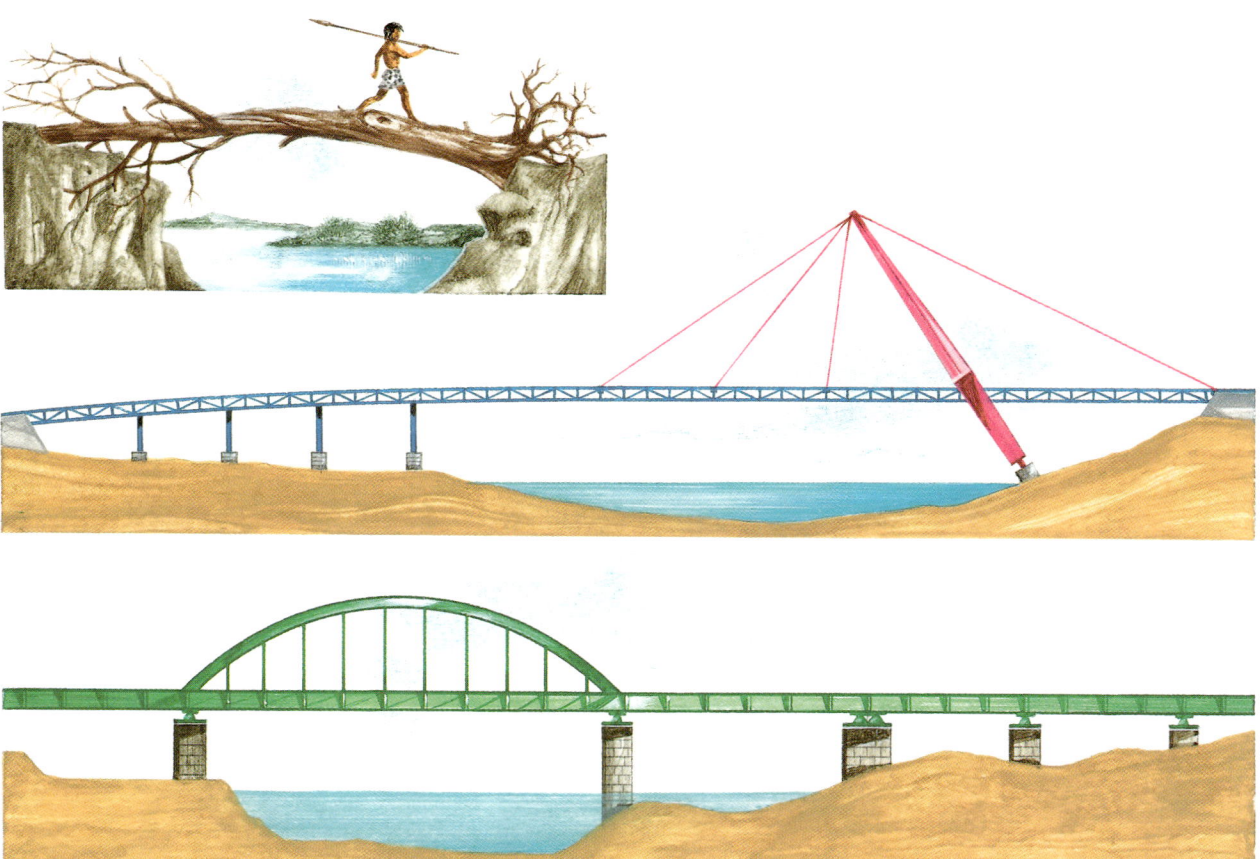

Jahrhundertelang mußten die Menschen oft weite Umwege machen, um Wasserläufe an einer flachen Stelle zu durchqueren. Die ersten Brücken waren wohl vom Sturm entwurzelte Bäume, die zufällig über einen Flußlauf stürzten. Jahrtausende vergingen noch, bis der Mensch die Arbeitsmittel hatte, einen geeigneten Baum zu fällen und quer über den Fluß zu legen. Die älteste Brücke von der es historische Aufzeichnungen gibt, führte über den Fluß Euphrat in der Stadt Babylon 2 000 Jahre v. Chr. Auf einer Reihe gemauerter Pfeiler ruhten Zedern- und Zypressenbalken, die mit Palmenstämmen bedeckt waren. Angeblich wurden diese Palmenstämme jeden Abend entfernt, damit in der Nacht niemand über die Brücke gehen konnte.

Brücken können ganz verschiedenartig aussehen. Dennoch lassen sich alle auf drei verschiedene Grundprinzipien zurückführen, die der Natur abgeschaut sind und von denen sich die Menschen Anregungen für den Brückenbau holten:

- die Balkenbrücken
- die Hängebrücken und
- die Bogenbrücken.

Holz, Stein und Urwaldranken waren die Baustoffe zu Beginn des Brückenbaus.

Welche Brücken kennst du?
Überlege, aus welchen Materialien sie gebaut worden sind?

Modelle der Bautechnik
Hindernisse werden überwunden
16 | **Das Blaue und andere Wunder**

Das Blaue und andere Wunder

Holz war der erste Baustoff und aus Holz wurden die ersten Brücken errichtet. Auch die älteste Brücke Roms, die sagenhafte Pons Sublicius, war eine hölzerne Brücke. Seit der erfolgreichen Verteidigung Roms gegen die Etrusker 507 v. Chr. galt sie den Römern als Heiligtum.

Cäsar ließ in nur 10 Tagen eine gewaltige Holzbalkenbrücke über den 400 m breiten Rhein errichten, um seine römischen Legionen überzusetzen.

Große Bedeutung erlangte der Holzbrückenbau mit der Entwicklung der Eisenbahnen. Viele Eisenbahnstrecken wären ohne Brücken gar nicht denkbar gewesen. Eine wesentliche Rolle spielten dabei die Fachwerkbrücken. Ihre Entwicklung hat mit dem Holzbrückenbau in Amerika begonnen.

Bis heute hat die Fachwerkbrücke, besonders im Eisenbahnverkehr, ihre Bedeutung behauptet. Dabei wurde der Baustoff Holz inzwischen durch Metallkonstruktionen ersetzt.

Modelle der Bautechnik
Hindernisse werden überwunden
Das Blaue und andere Wunder | 17

Wenn du eine solche Fachwerkbrücke bauen willst, mußt du folgendes beachten:

1. Fachwerke bestehen aus Bauteilen, die zum Dreiecksverbund zusammengefügt sind.

2. Bei einfachen Fachwerkbrückenkonstruktionen verlaufen die Fachwerkträger parallel. Man nennt sie parallelgurtige Fachwerke.

Baue dir zum Spielen oder als Ergänzung für deine Eisenbahnanlage eine Fachwerkbrücke mit Teilen eines Metallbaukastens.

Dazu benötigst du:

Teil	Stück	Benennung	Maße
6		Muttern	M4
5		Schrauben	M4 x 6
4	2	U-Stück	1/5/1 Loch
3	2	Langlochstab	
2	8	Flachstab	9 Loch
1	2	Flachstab	25 Loch

So kannst du vorgehen:
- Befestige am Untergurt ① die Stäbe ②.
- Ergänze den Obergurt ③ mit dem U-Stück ④ und zwei weiteren Stäben ②.
- Befestige die Stäbe ② am Untergurt ①.

Modelle der Bautechnik
Hindernisse werden überwunden
18 | **Das Blaue und andere Wunder**

Du kannst solch eine Fachwerkbrücke auch aus Holz
aufbauen.

Dazu benötigst du:

Teil	Stück	Benennung	Maße
		Holzklebstoff, Nägel	
4	3	Holzleiste zum Verbinden der Obergurte	10 x 10
3	1	Sperrholzplatte	650 x 85 x 65
2	22	Holzleiste für das Fachwerk	90 x 7 x 5
1	2	Holzleiste für Ober-und Untergurt	500 x 10 x 10

So kannst du vorgehen:

- Ober- und Untergurte ① auf eine Länge sägen.
- Fachwerkstäbe ② auf eine Länge sägen.
- Holzfachwerk herstellen durch Kleben und Nageln.
- Sperrholzplatte ③ auf Länge sägen, Fachwerkrahmen anbringen.
- Holzleisten ④ auf Länge sägen und zwischen die Obergurte kleben.

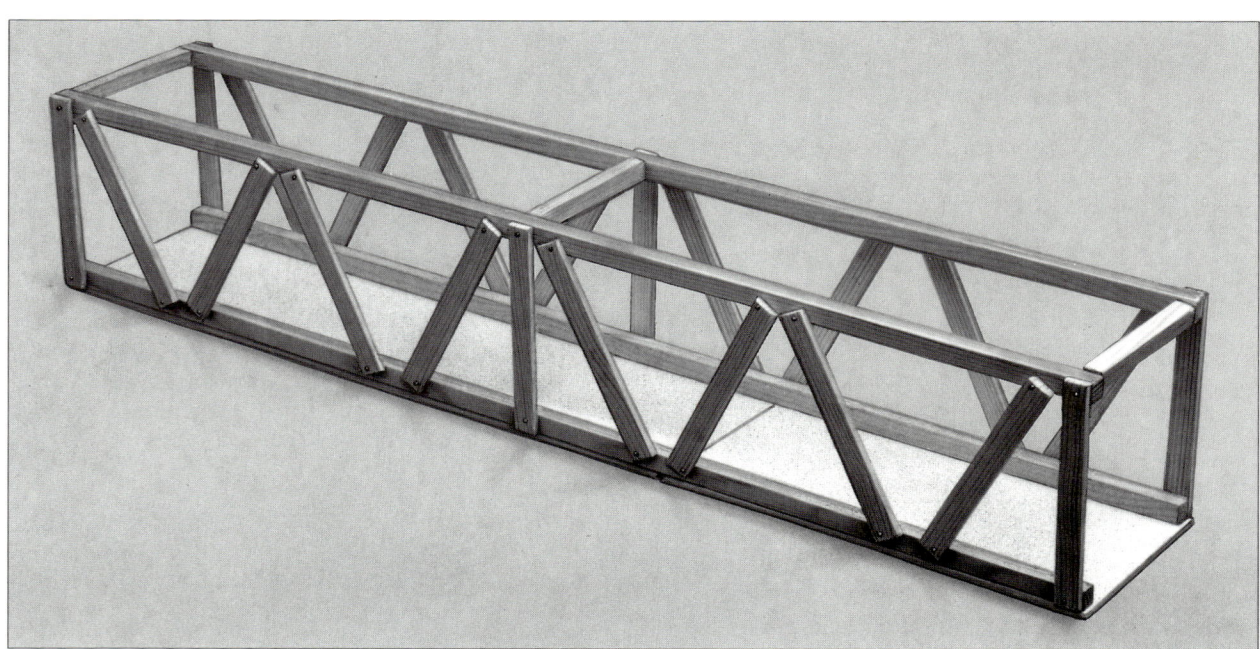

Modelle der Bautechnik
Hindernisse werden überwunden
Das Blaue und andere Wunder | 19

„Da kannst du dein blaues Wunder erleben...!" sagten die Leute früher, wenn Gaukler und Feuerschlucker in eine Stadt kamen. Das „Blaue Wunder", das wir meinen, ist nicht nur ein Wahrzeichen der Stadt Dresden, sondern als Brückenstahlkonstruktion einmalig in Europa. Diese Brücke über die Elbe hat eine Länge von 270 m und wurde nach nur zweijähriger Bauzeit am 11. Juli 1883 eingeweiht. Die Einweihung einer Brücke ist ein großes Ereignis. Viele Schaulustige waren gekommen.

Würde die Brücke standhalten?

Was hatte man zu ihrer Erprobung alles aufgeboten: drei Dampfwalzen, drei Straßenwalzen, drei beladene Straßenbahnwagen, drei gefüllte Wassersprengwagen, Pferde- und Kutschwagen – alle von Pferdegespannen gezogen, eine Kompanie Solda-

ten, 150 Straßenpassanten und – oh, die Wunderbrücke hielt. Obwohl die Brücke über 2 Millionen Mark kostete, hatten die Bauherren gut lachen. Sie erhoben Brückengeld: 3 Pfennige für jeden Fußgänger, 2 Pfennige für jedes Kind unter 12 Jahren. Kassiert wurde bis zum Jahre 1923.

Zwar benannte man die Brücke nach dem sächsischen König „König-Albert-Brücke"; doch für die Dresdner und die Geschichte ist sie aufgrund ihres blauen Farbanstriches immer das „Blaue Wunder" geblieben.

Auch scheinbar wunderbar erscheint uns ihre Rettung über den Zweiten Weltkrieg hinweg. Mutige Dresdner entfernten mehrmals die Sprengsätze, so daß wir heute in Dresden noch das „Blaue Wunder" erleben können.

Modelle der Bautechnik
Hindernisse werden überwunden
20 | Brücken wie im alten Rom

Brücken wie im alten Rom

Für die Bogenbrücken aus Stein fand der Mensch sein Vorbild in den Gewölben der Höhlen.

Die Anwendung von Gewölben zur Überbrückung größerer Öffnungen kann bis in die Zeit des alten Ägypten, der Babylonier, Etrusker und Griechen zurückverfolgt werden. Zur breiten Anwendung gelangte diese Technik bei den Römern.

Zu den besonders eindrucksvollen Leistungen römischer Baukunst zählen bis heute ihre Brücken und Wasserleitungen (Aquädukte).

Die alten Meister des Brückenbaus waren allein auf ihre Erfahrungen, auf statisches und konstruktives Gefühl und ihren Sinn für Formen angewiesen.

Modelle der Bautechnik
Hindernisse werden überwunden
Brücken wie im alten Rom | 21

Wenn du eine solche Steinbrücke bauen willst, solltest du vorher die Gleichgewichtsverhältnisse und Grundprinzipien der Kragbogenbauweise erkunden.

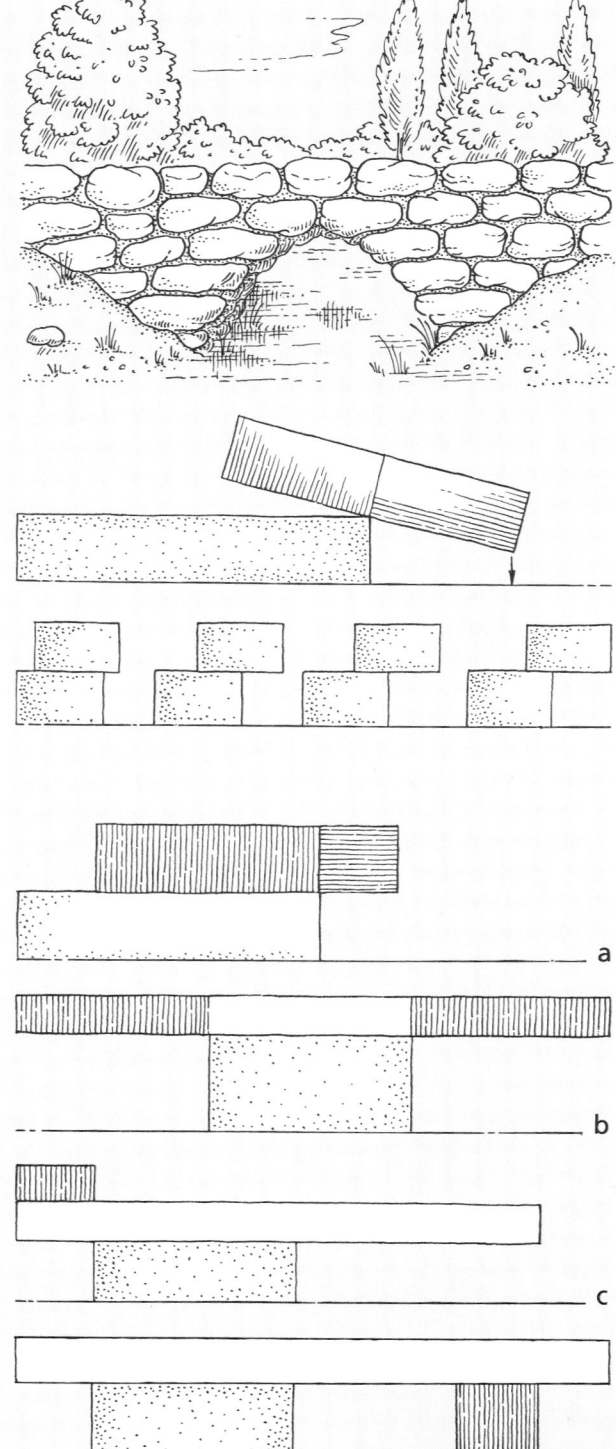

1. Bauteile, die über ihre Unterstützung hinausragen, kragen aus. Deshalb nennt man diese Bauweise „Kragbogenbauweise".
Einen Zwischenraum durch überkragen zu überwinden, gehört zu den ältesten Konstruktionsformen (Kragbogen, Kragbrücke, Kraggewölbe).

2. Auskragende Bauteile kippen durch das eigene Gewicht etwa beim Auflagemittelpunkt des Kragteiles.

Wurde hier gemogelt?
Erkunde es!

3. Erprobe Konstruktionsmaßnahmen zur Verhinderung des Kippens.
Gleichgewicht herstellen durch:

geringe Auskragung, Kragteil liegt deutlich unter der Kippzone (a)

mittiges, gleichlastiges Aufliegen (b)

Gegengewichtsbelastungen (c)

Abstützung der vorkragenden Teile (d)

Modelle der Bautechnik
Hindernisse werden überwunden
22 | **Brücken wie im alten Rom**

Eine Brücke zu bauen, galt schon immer als eine große Kunst und erbrachte seinem Erbauer großen Ruhm. Sollte es nicht auch dir gelingen, eine solche Kragbogenbrücke zu bauen?

Dazu benötigst du:

- etwa 85 ganze Bausteine
- etwa 5 halbe Bausteine

Du kannst auch einen ganzen Baustein durch zwei halbe ersetzen. Du kannst die Brücke natürlich auf einer Tischplatte oder dem Fußboden errichten. Überbrückst du aber zwei Tischplatten, die du etwa 30 cm auseinanderrückst, wird das Bauen noch spannender und verlangt dein besonderes Geschick.

So kannst du vorgehen:

- Beginne die erste Schicht auf jeder Tischplatte mit jeweils fünf ganzen Bausteinen.
- Schichte die zweite Schicht im Läuferverbund auf.
- Für die dritte bis achte Schicht kragst du den ersten Ziegelstein jeweils um etwa $1/3$ aus und schichtest die folgenden Bausteine im Läuferverbund.
- In der neunten Schicht verbindest du die beiden Brückenteile durch Auflegen eines ganzen Bausteines und schichtest im Läuferverband weiter.
- Ergänze noch zwei weitere Schichten und erprobe die Brücke. Deine Brücke überbrückt ein Hindernis und trägt eine Verkehrslast.

Von der Höhle zum Haus

Schon seit der Urzeit versuchen die Menschen, sich vor den Unbilden der Natur zu schützen. Lange Zeit nahm man an, daß der Mensch nur Höhlen als Behausung nutzte.

Man unterschätzte die menschliche Erfindungsgabe. Der Windschirm der Jäger und Sammler ist das älteste Zeugnis menschlichen Bauens.

Der Windschirm schützte die Menschen und das mühsam entfachte Feuer vor Wind und Regen. Äste, Zweige und Rinde wurden untereinander verflochten und mit Hilfe von Moos und Gras verdichtet.

Aus diesem einfachen Windschirm entwickelten sich:
– die Bienenkorb- oder Rundhütten,
– die Iglus der Eskimos,
– die Zelte der Indianer und Nomaden,
– das Rechteckhaus.

Seither dient alles Bauen dazu die Bedürfnisse des Menschen zu erfüllen und ist auf einen bestimmten Zweck gerichtet.

Bauwerke können verschiedenen Zwecken dienen:
– dem Wohnen,
– dem Arbeiten und Verwalten,
– dem Kaufen und Verkaufen,
– dem Verkehr,
– der Repräsentation.

Erkundet Bauwerke in eurer Umgebung und ordnet sie ihren Zwecken zu!

Das Bauernhaus

Wir leben und arbeiten in Räumen, in der Wohnung, im Klassenzimmer, in der Werkhalle, im Theater... Kaum ist uns dabei bewußt, wie eigentlich ein Raum entstand. Ausgrabungen früherer menschlicher Siedlungen belegen, daß zunächst die Raumgröße mit Feldsteinen festgelegt und nach diesem Grundriß ein Pfostenbau errichtet wurde. Die Seiten verdichtete man mittels Durchziehen (Winden) von Flechtwerk; daher das Wort „Wand". So entstand die ursprüngliche Hausform.

Solche und ähnliche Häuser kannst du aus Naturma-
terialien herstellen, die du beim Aufenthalt im Frei-
en sammeln kannst.

Dazu benötigst du:
- dünne Zweige ohne Gabelansatz
- dünne Zweige mit Gabelansatz
- etwas dickere Hölzer für die Eckpfeiler
- Flechtmaterial (Gras, Schilf, Bast u. a.)
- kleine Steine als Sockelumrandung sind möglich
- Styroporplatte als „Baugrund"
- Messer, Feinsäge, Bindedraht, Schnur oder Bast

Das Fachwerkhaus

Das Holz bot sich den Menschen seit Urzeiten zum Bauen an. Zunächst für Windschirme, Schutzwälle und bäuerliche Blockhütten.

Während seiner langen historischen Verwendung kam etwa im 15. Jahrhundert die Zimmermannskunst – in Form des Fachwerkhauses – zu voller Blüte. Fachwerkhäuser wurden vor allem in waldreichen Gebieten sowohl auf dem Lande als auch in der Stadt gebaut.

Willst du deine Spielsachen oder dein Kinderzimmer durch ein eigenes Fachwerkhaus bereichern, mußt du typische Konstruktionsweisen und einen Teil der vielfältigen Formensprache erkunden, die sich von alters her mit dem Fachwerk verbinden:

1. An allen vier Ecken des Fachwerkhauses und in bestimmten Abständen dazwischen stehen starke Pfosten ①, auch Ständer, Stäbe, Stiele genannt.

2. Diese Pfosten sind unten in einem Balken – in der Schwelle ② – verankert. Sie liegt auf einem Sockel aus Steinen.

3. Oben werden die Pfosten von einem weiteren Balken überdeckt und gehalten – dem Rähm ③.

4. Die Pfosten sind durch schräge Streben ④ gesichert und durch Riegel ⑤ verbunden.

5. Die Öffnungen zwischen den Pfosten und Balken nennt man dann die Fachwerke.

6. Fachwerkhäuser wurden von reisenden Zimmerleuten errichtet, die oft Meister ihres Handwerks waren und die Pfosten und Balken kunstvoll zusammenfügten.
Halber Mann ①, Mann mit Kopf- und Fußband ②, Wilder Mann ③, Andreaskreuz ④, Mann ⑤ sind nur einige Verbindungsformen, die ihr an den alten Fachwerkhäusern bewundern und selbst gestalten könnt.
Der Zimmermann stand in jener Zeit in hohem Ansehen.

7. Fachwerke wurden mit Zweigen ausgestopft, mit Lehm verschmiert oder mit Steinen ausgemauert. Nur die Tür- und Fensteröffnungen blieben frei. Die Fachwerksfelder wurden geweißt, während die Holzbalken einen dunklen Anstrich erhielten.

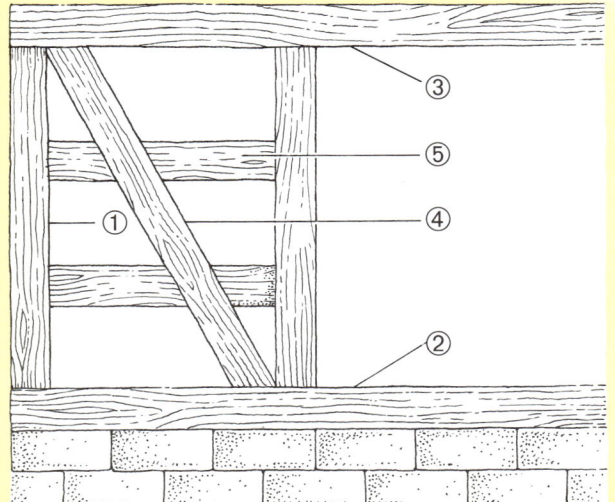

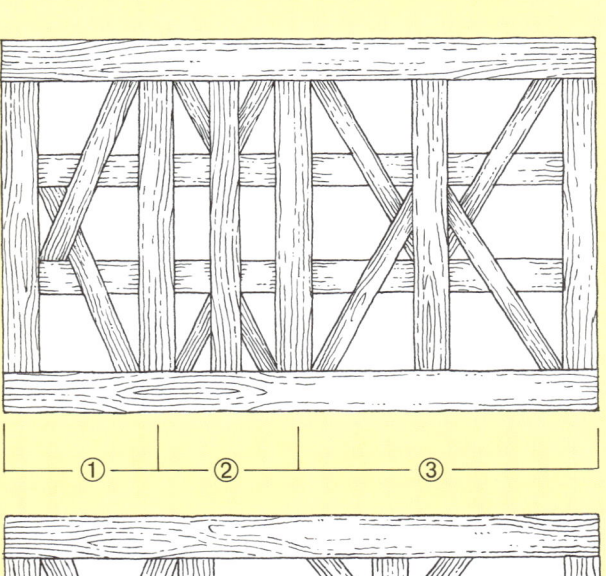

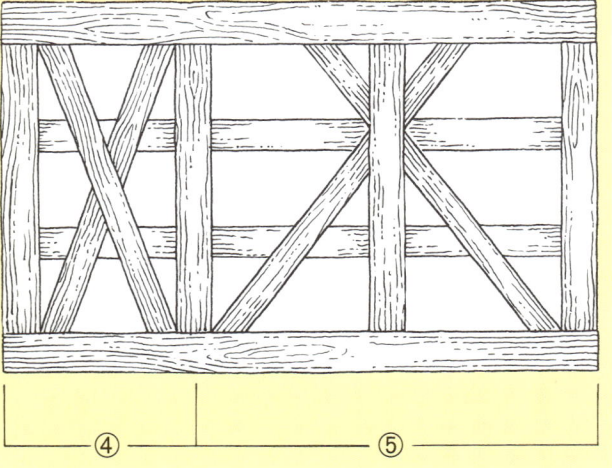

Baue ein Holzhaus und gestalte es zu deinem Fachwerkhaus.

Dazu benötigst du:

Teil	Stück	Benennung	Werkstoff	Maße
6	4	Leiste	Holz	300 x 5 x 5
5	2	Leiste	Holz	500 x 5 x 5
4	2	Dach	Sperrholz	≈ 540 x 220
3	1	Rückwand	Sperrholz	≈ 550 x 400
2	2	Seitenteil	Sperrholz	≈ 30 x 50
1	1	Bodenplatte	Spanplatte	≈ 550 x 400

So kannst du vorgehen:

- Alle Teile zuschneiden.
- Holzleisten ⑤ und ⑥ als Führungen für die Seitenteile und Rückwand auf die Bodenplatte ① aufbringen.
- Einsetzen der Seitenteile und der Rückwand in die Führungen.
- Dach aufbringen (Oberkante der Rückwand leicht abschrägen).
- Gestalten des Fachwerkes.

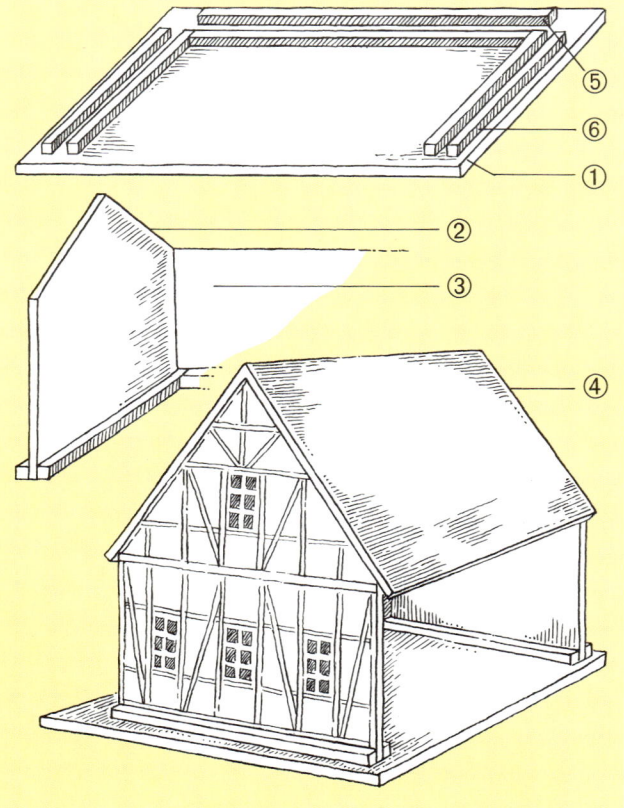

Die Möglichkeiten, mit Hilfe von Fachwerkskonstruktionen Gegenstände zu bauen, sind vielfältig. Ein weiteres Beispiel wäre ein Mini-Gewächshaus.

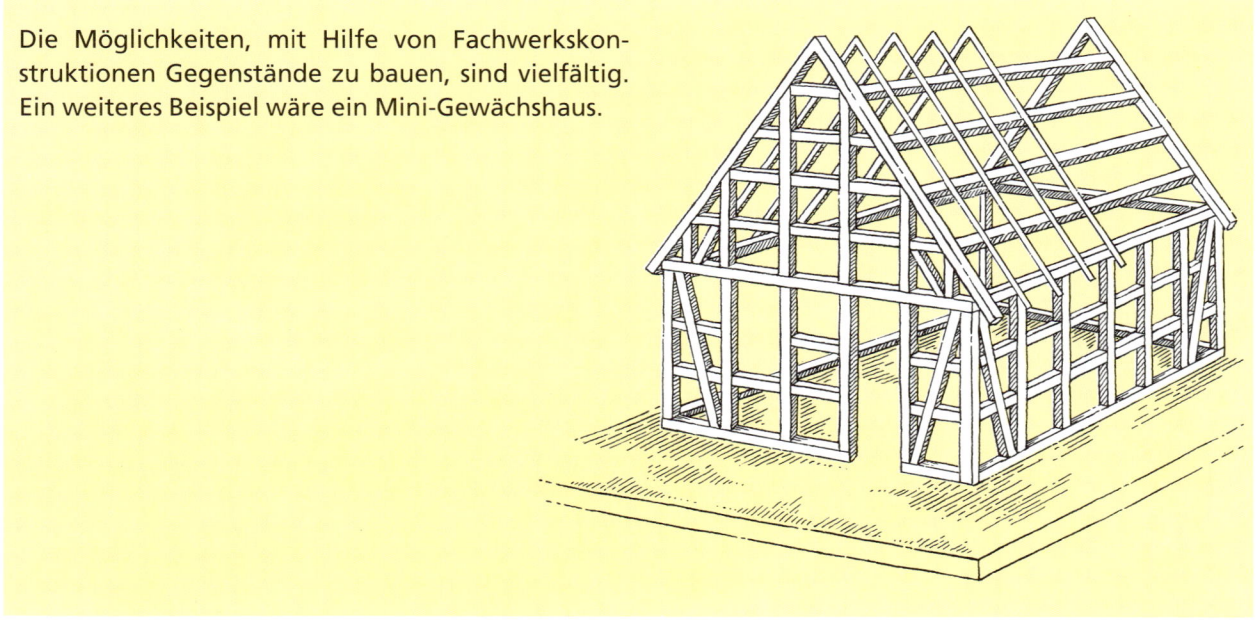

Das Material sind Holzleisten (≈ 10 x 10 mm). Es besteht aus zwei Seiten-, zwei Giebel- und zwei Dachflächen. Die beiden Dachflächen müssen mit Scharnieren verbunden werden. Für die Verglasung eignet sich Folie, die man von der Innenseite festnagelt.

Welche Landschaften, Städte oder Ortschaften kennst du, die den Fachwerkbauten ihr Interesse und ihre Schönheit verdanken?
Kannst du dir vorstellen, warum es den traditionellen Fachwerkbau kaum noch gibt?

Das eigene Zimmer

Um die Jahrtausendwende beginnt sich das Landschaftsbild unseres Kontinents entscheidend zu verändern. Bisher haben kleine Dörfer inmitten von Rodungen, Burgen, Klöster u. a. eine dünne Besiedlung gebildet. Mit dem Tausch und Verkauf von Waren entstanden die ersten Marktsiedlungen – die Keimzellen der Städte. Mit den Städten entstanden neue Wohnbedürfnisse bzw. die Raumaufteilung vom Einraum zur Mehrräumigkeit.

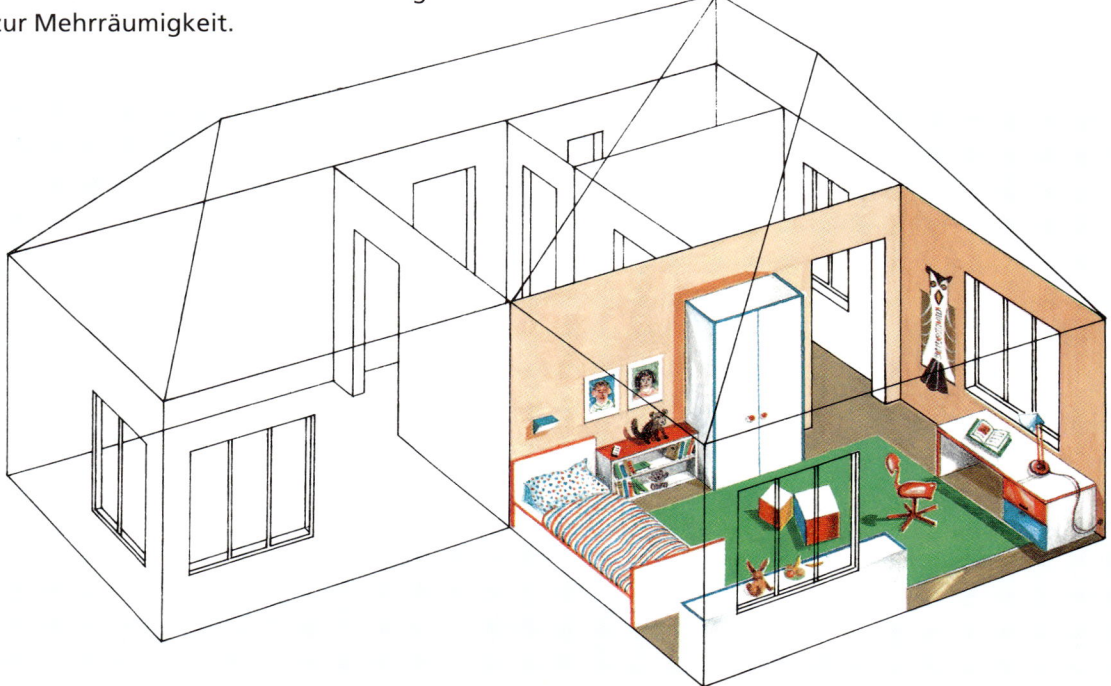

Überlege, aus wievielen Räumen eure Wohnung besteht!

Welche Funktionen haben dabei die einzelnen Räume?

Stell dir vor, du kannst mit deinen Eltern dein Kinderzimmer gestalten. Um deine Vorstellungen zu verdeutlichen, schaffst du ein Modell.

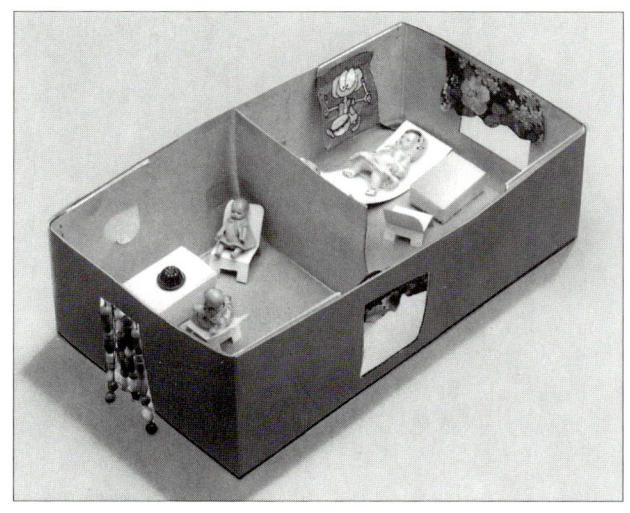

Dazu benötigst du:

- einen Schuhkarton
- Schachteln für die Möbel
- Tapetenreste für die Wände und Decke; Fußbodenbeläge
- textile Materialien für Kissen, Decken, Gardinen u .ä.

Transport - (k)ein Problem?

Vom 2. bis 3. Jahrhundert v. Chr. an, begannen die Menschen große Städte, einzigartige Tempel und Grabmale für Könige und Pharaonen zu bauen.
Ein Beispiel dafür sind die Pyramiden in Ägypten, die zu den sieben Weltwundern zählen. Diese einzigartigen Bauwerke erregen noch heute unsere Bewunderung. Gerade wenn man bedenkt, welche Hilfsmittel den Erbauern zur damaligen Zeit zur Verfügung standen. Auf massiven Schlitten zogen viele Menschen die Ladung mit Hilfe von Seilen, die an die Schlitten gebunden waren. Um die Gleitfähigkeit zu erhöhen, wurden unter die Schlitten Rollen gelegt.

Das Transportband

Auch heute noch findet das Prinzip von Rolle und Seil
Anwendung, z. B. beim Förderband. Hier ist das Seil
durch ein Band ersetzt.
Wie funktioniert ein Bandförderer bzw. Fließband?
Der Transport von Lasten erfolgt durch das Zusam-
menwirken von Rolle und Band. Zwischen Rolle und
Band entsteht eine Reibung. Diese wird zur Übertra-
gung genutzt, das heißt die Bewegung wird von der
Antriebsrolle auf die Umlenkrolle übertragen. Durch
den häufigen Einsatz der Fördereinrichtung läßt die
Reibung zwischen Rolle und Band nach. Deshalb
werden Spanneinrichtungen eingebaut.

Baue ein Modell eines Bandförderers oder
Fließbandes.

Dazu benötigst du:

- ein Gummi- oder Lederband für das
  Transportband
- Flach- und Winkelelemente für das Gestell
- eine Welle mit Kurbel
- Flachelemente, Stellringe und Welle für die
  Spannvorrichtung
- Schraubendreher und Schraubenschlüssel
- Schrauben und Muttern

So kannst du vorgehen:

- Zuerst das Gestell montieren.
- Das Transportband durch Kleben oder Nähen
  verbinden.
- Die Antriebs- und Umlenkrolle mit dem Trans-
  portband am Gestell montieren.
- Die Spannvorrichtung einbauen.
- Die Funktionsprobe durchführen.

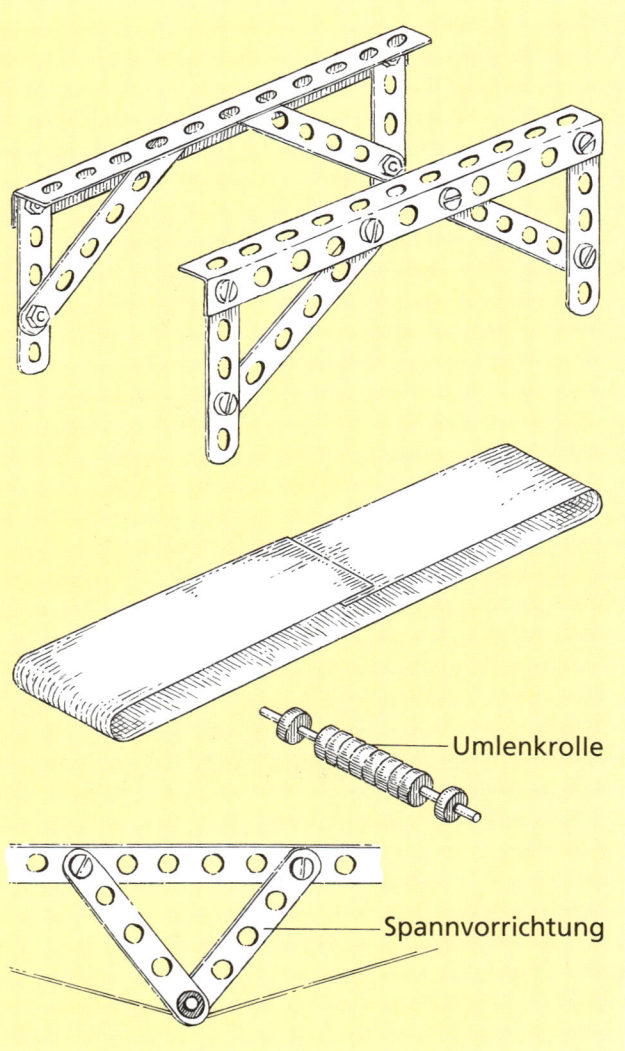

Umlenkrolle

Spannvorrichtung

Die Seilbahn

Schon vor etwa 2 000 Jahren nutzten die Menschen in Südostasien einfache Anlagen zum Überwinden von Flüssen und Schluchten. Das Tragseil wurde aus Lianen geflochten. Daran hing ein Korb, in dem sich der Mensch vorwärts zog.

Andere Anlagen wurden schon frühzeitig mit einem Zugseil versehen, um den leeren Korb ans andere Ufer zurückzuholen.

Für den öffentlichen Personen- und Güterverkehr mußte erst ein stabileres Seil gefunden werden.

1844 stellte der Oberbergrat Albert aus Clausthal im Harz das erste Drahtseil her. So entstand bereits 1872 die erste brauchbare Lastenseilbahn der Welt in Teutschenthal bei Halle und 1901 wurde im Dresdener Vorort Loschwitz die erste Bergschwebebahn Europas eröffnet.

Der Unternehmer A. Bleichert aus Leipzig erkannte zur damaligen Zeit, daß bei schwierigen Geländeverhältnissen nur Seilschwebebahnen ein preiswertes Transportmittel für den Güter- und Personenverkehr darstellten. So baute die Firma Bleichert von 1874 bis 1905 etwa 2 000 Bahnen und viele der Seilbahnen sind noch in Betrieb.

Vielleicht kennt ihr die eine oder andere bereits? Oftmals befinden sie sich in den landschaftlich schönsten Gegenden eines Landes.

Wie funktioniert eine Seilbahn?

Der Transport von Lasten erfolgt bei Seilbahnen durch das Zusammenwirken von Rolle und Seil. Zwischen der Rolle und dem Seil entsteht eine Reibung. Die Reibung wird zur Übertragung der Bewegung von der Antriebsrolle auf die Umlenkrolle ausgenutzt. Damit die Reibung zwischen Rolle und Seil durch häufigen Einsatz nicht geringer wird, werden Spanneinrichtungen eingebaut.

Baue ein Modell einer Seilbahn auf (Pendelbetrieb)!

Dazu benötigst du:

- Flach- und Winkelelemente für die Seilbahnmaste
- ein Last- und ein Zugseil
- zwei Umlenkrollen
- eine Kurbel zum Antrieb
- Gewichte für Lastseil
- Seilbahnkörper

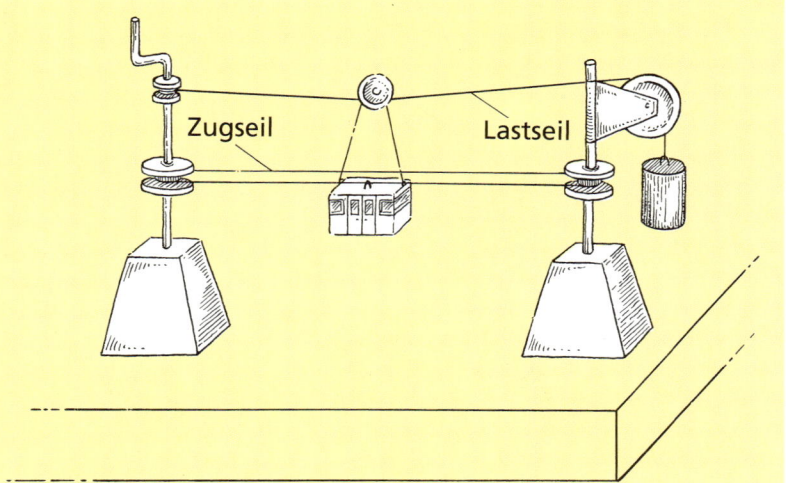

So kannst du vorgehen:

- Auswählen der Bauteile.
- Montieren der beiden Seilbahnmaste.
- Die beiden Seilbahnmaste starr miteinander verbinden.
- Die Antriebsrolle (Bergstation) und die Umlenkrolle (Talstation) mit der Spannvorrichtung einbauen.
- Montieren und Befestigen des Seilbahnkörpers.
- Das Tragseil und das Zugseil anbringen und die Gewichte anhängen (Empfehlung: Verwendung eines Gummiringes als Zugseil).

Die Seilwinde

Mit „Glück auf!" grüßen sich die Bergleute immer, wenn sie sich treffen. Welche Bedeutung hat dieser Gruß? Dieser Gruß entstand im 17. Jahrhundert im Erzgebirge. Dort gab es große Vorkommen von Erz, besonders Silber. Die Förderung dieser Bodenschätze war die Haupterwerbsquelle der Menschen. Für die Entstehung des Grußes gib es zwei verschiedene Erklärungen:

- Die Bergleute beglückwünschten sich so, wenn sie viel Silber gefunden hatten. Es hat sich ihnen das „Glück auf" getan.
- Die Bergleute freuen sich, daß sie wieder „glück"lich aus dem Schacht „auf" gestiegen sind.

Die Arbeit des Bergmannes war sehr schwer. Mit Hilfsmitteln versuchte er sich die Arbeit zu erleichtern. Ein Hilfsmittel ist die Seilwinde. Mit ihrer Hilfe ließ sich der Bergmann in den Schacht hinab und die Körbe mit dem geförderten Erz konnten so an die Oberfläche gefördert werden.

Solch eine Seilwinde kannst du mit den Teilen deines Baukastens bauen.

Dazu benötigst du:

- eine Kurbel (z. B. gebogener Draht)
- Halterung für die Seilwinde
- eine Welle für die Seiltrommel
- ein Seil
- einen Haken

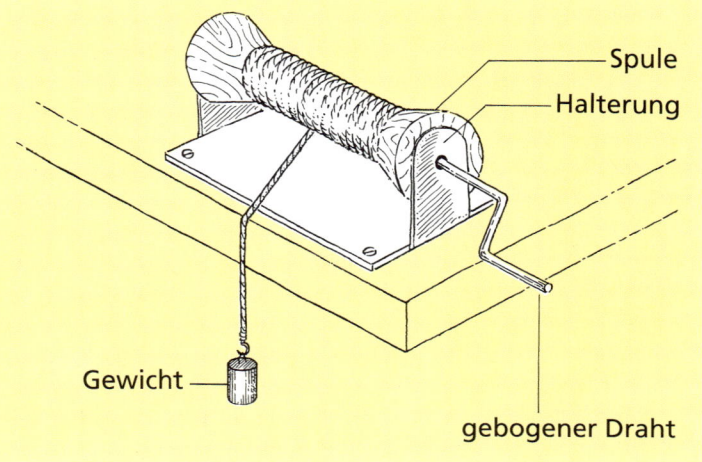

Wenn man die Kurbel dreht, wird das Garn auf die Spule gewickelt und das Gewicht nach oben gezogen. Wird der Griff in die andere Richtung gedreht, bewegt sich das Gewicht nach unten. Wenn man den Griff jedoch losläßt, wickelt das Gewicht das Garn ab. Das Problem, das du lösen sollst, besteht darin, die Winde so zu bauen, daß das Gewicht hochgedreht werden kann, ohne daß das Gewicht wieder runtergeht.

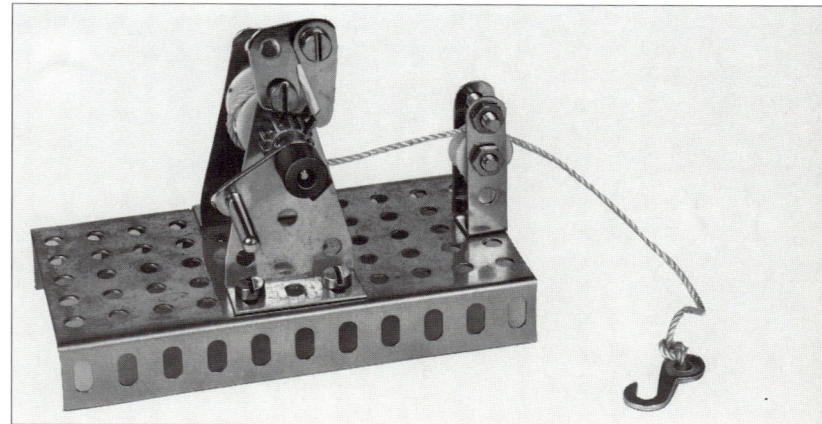

Der Kran

Das Heben und Senken von Lasten geschieht nicht nur im Bergbau, sondern überall in unserer näheren Umgebung. Sei es in Betrieben, auf Baustellen, auf Bauernhöfen oder auch im Haushalt.

Fast überall begegnen wir z. B. Kranen, Lastzügen oder Fahrstühlen.

Egal ob Turmdrehkrane, Autokrane, Portalkrane oder Brückenkrane mit Laufkatzen. Alle funktionieren durch das Zusammenwirken von Rolle und Seil.

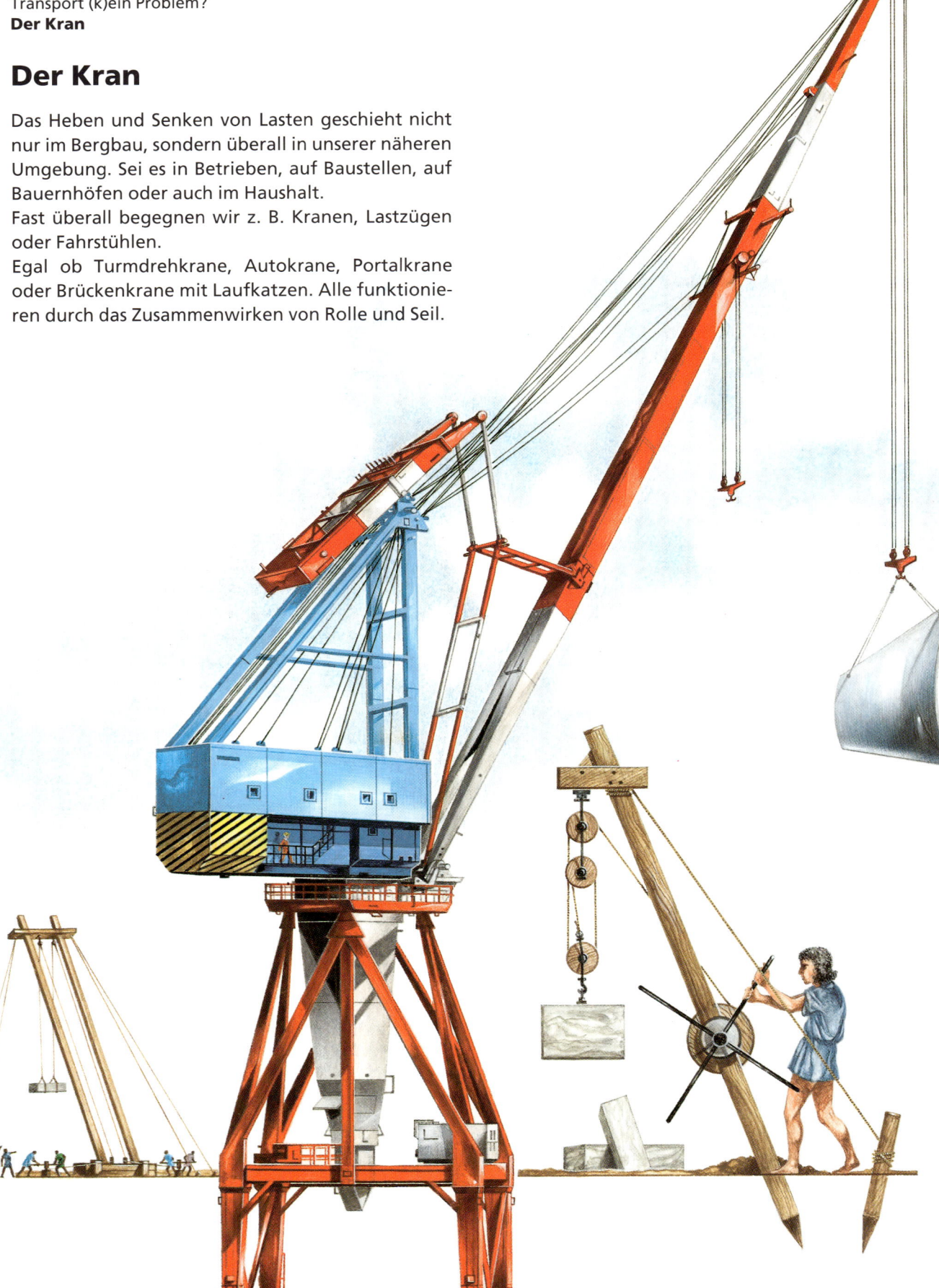

Welche Bauteile haben alle Krane gemeinsam?

**Wichtige Baugruppen
eines fahrbaren Krans sind:**

1. das Fahrgestell ①

2. das Krangestell ②

3. der Ausleger ③

4. die Seilwinde mit Sperre ④

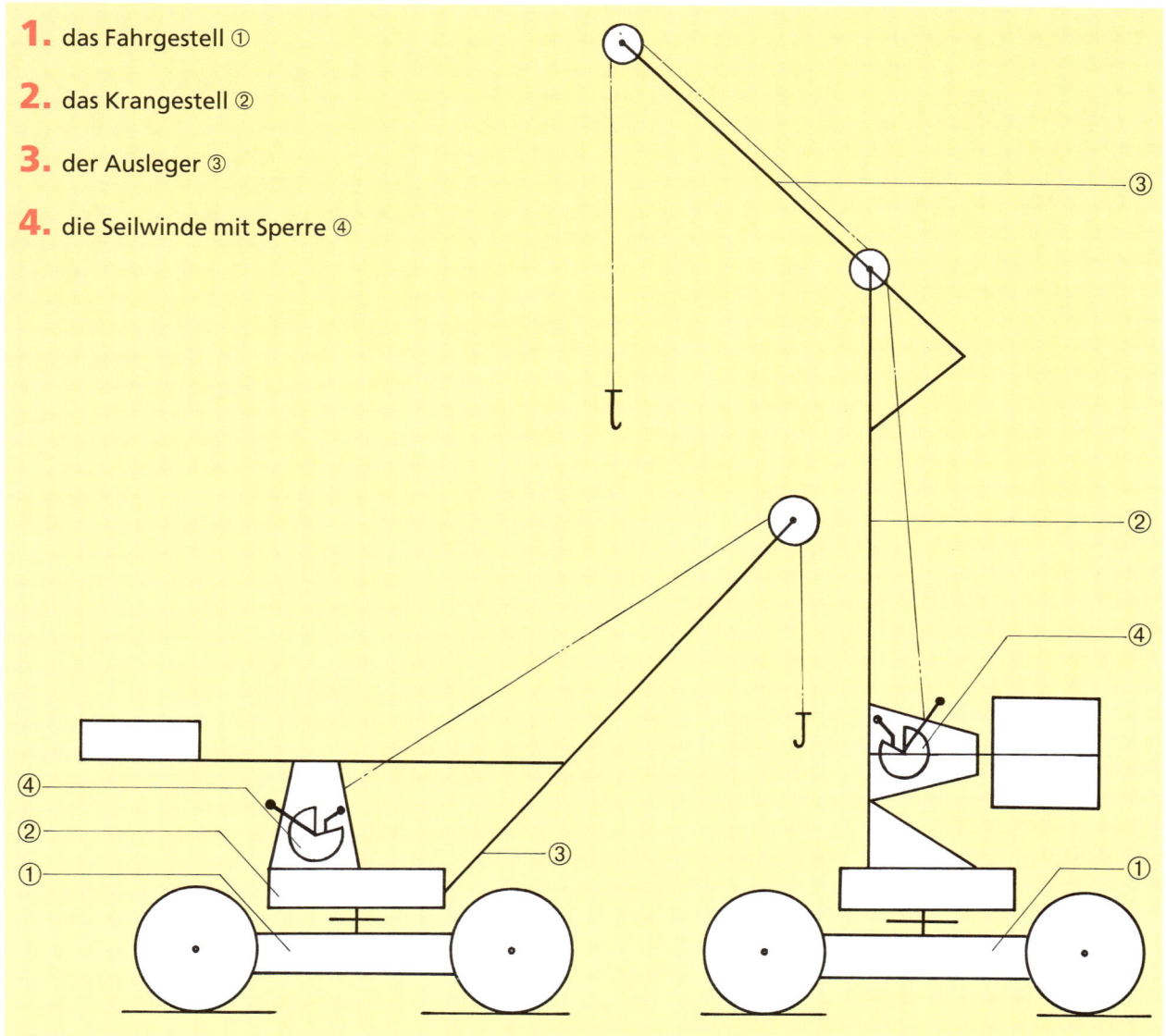

*Wodurch kann das Umkippen des Krans beim Heben
schwerer Lasten verhindert werden?
Warum muß die Winde eines Krans mit einer Sperre
versehen sein?
Beschreibe die Wirkungsweise einer Sperre.
Untersuche, mit welchen geeigneten Bauteilen eine
Sperre gebaut werden kann.*

Versuche nach der Schemazeichnung und dem Modellfoto z. B. einen Autokran oder Turmdrehkran zu bauen.

Dazu benötigst du:
● Teile aus deinem Baukasten

So kannst du vorgehen:
● Bauteile bereitlegen.
● Fahrgestell montieren.
● Drehplatte montieren.
● Ausleger montieren.
● Seilrolle und Winde einbauen.
● Sperre montieren.

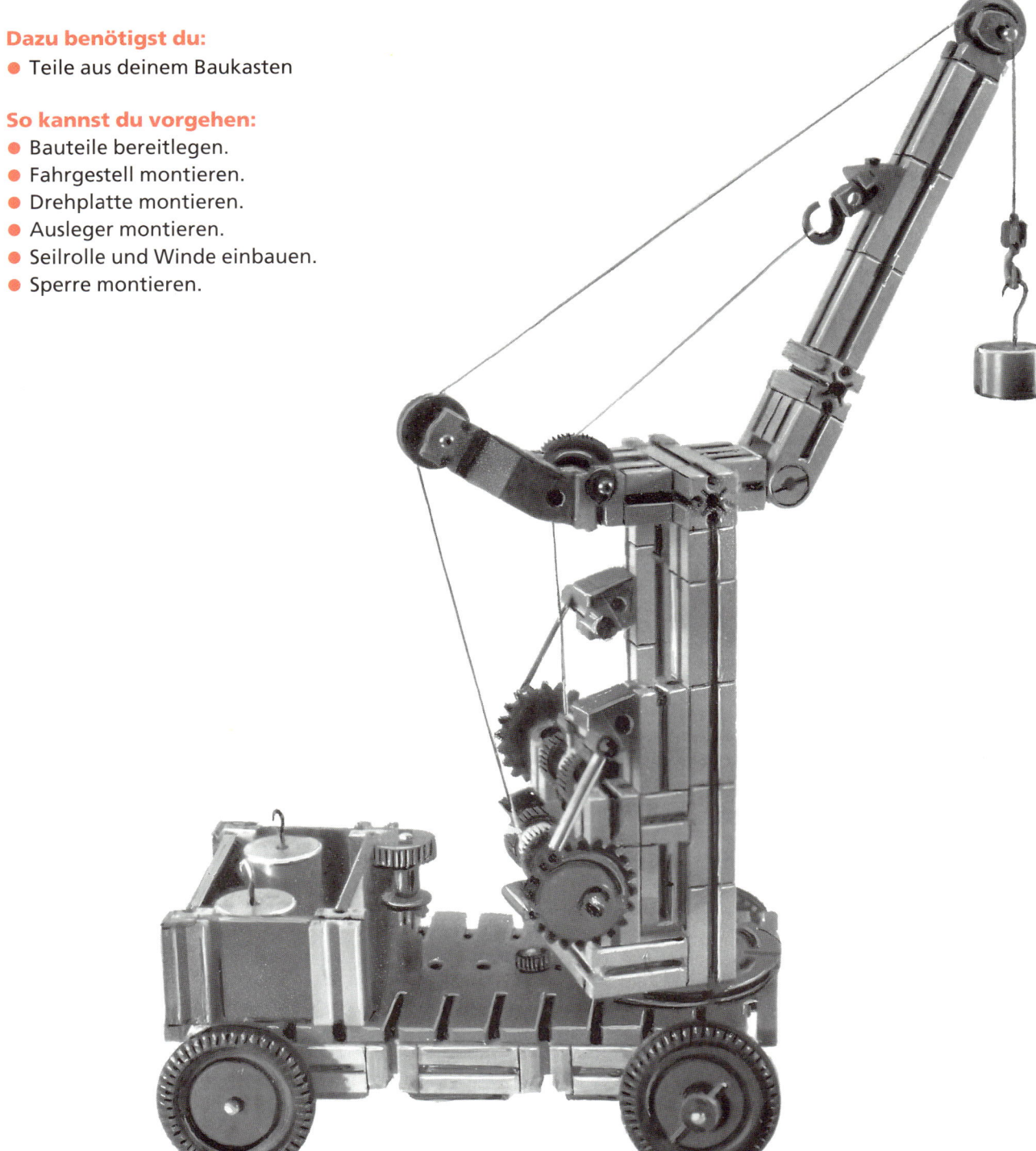

Weitere Anwendungsbeispiele zum Heben und Senken von Lasten mittels Rolle und Seil kannst du bauen.

Das Fahrzeug

Fahrzeuge aller Art sind aus unserer Umwelt nicht mehr wegzudenken.

Das Rad ist eines der wichtigsten Bauteile an einem Fahrzeug. Die Erfindung und praktische Nutzung des Rades war für die menschliche Gesellschaft und die Technik ein riesiger Fortschritt. Stellt euch einmal vor, wie unser Leben aussehen würde, wenn das Rad noch nicht erfunden wäre.

Wagen mit Rädern waren in Indien schon in der Mitte des 3. Jahrtausend v. Chr. bekannt. Zunächst fertigte man Räder aus Holz (Rundholz) und befestigte sie an einer beweglichen Achse. Später wurde das Speichenrad erfunden.

Auch noch heute findet man vereinzelt Leiterhandwagen aus Holz mit metallringbestückten Holzrädern und einer Deichsel.

Ob Roller, Fahrrad, Personen- oder Lastkraftwagen, überall findet man viele Einzelteile, die in Baugruppen zusammengefaßt sind, immer wieder.
Das sind vor allem der Rahmen (Fahrradgestell), die Achsen, die Räder mit Reifen, die Lenkeinrichtung und die Bremsanlage.

Finde aus den nachfolgenden Abbildungen die Baugruppen heraus:

Wie man deutlich erkennen kann, stehen diese Baugruppen unmittelbar oder mittelbar in Verbindung. Sie gewährleisten bei ordnungsgemäßer Funktion den verkehrs- und betriebssicheren Zustand des Fahrzeuges.

Da wir die wichtigsten Baugruppen kennen, können
wir die verschiedensten Modelle von Fahrzeugtypen
aufbauen.

Hier einige Beispiele:

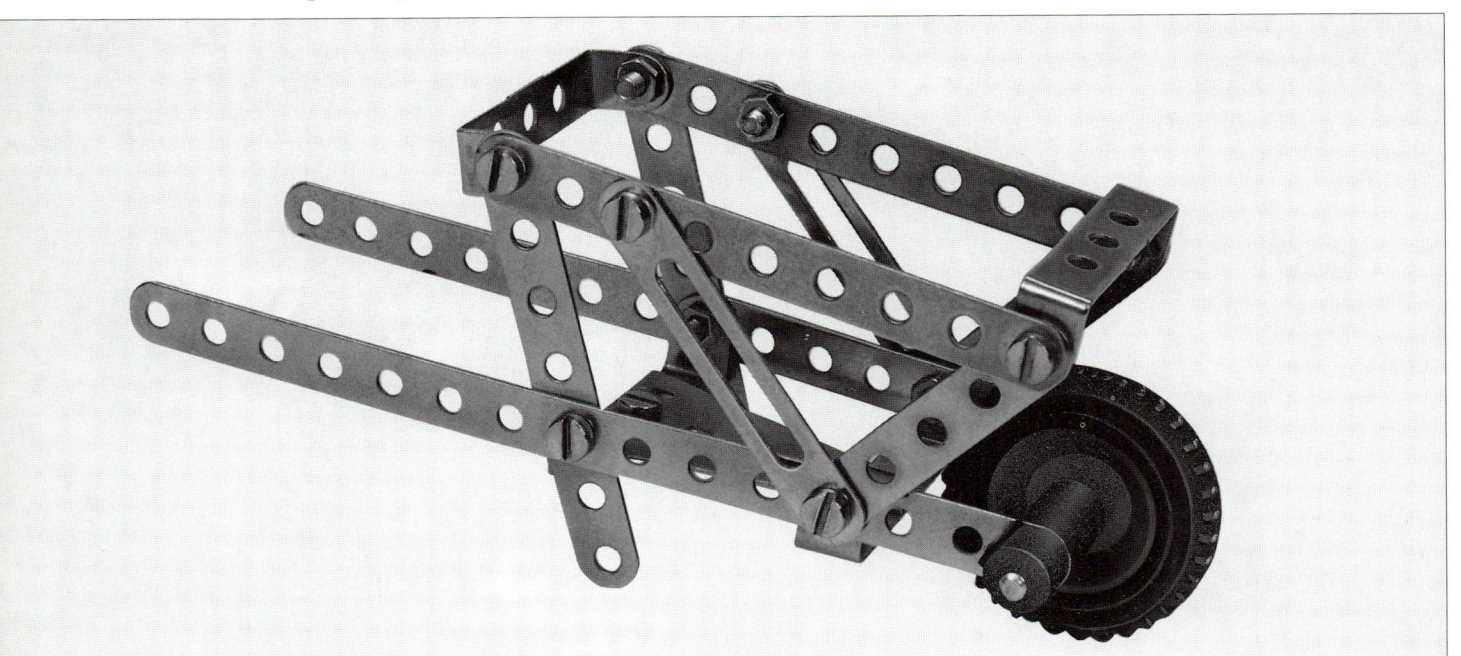

Obwohl die meisten Fahrzeuge durch Maschinen-kraft angetriebene Fahrzeuge sind, gibt es weitere Antriebsmöglichkeiten.

So könnten die Modelle aussehen.

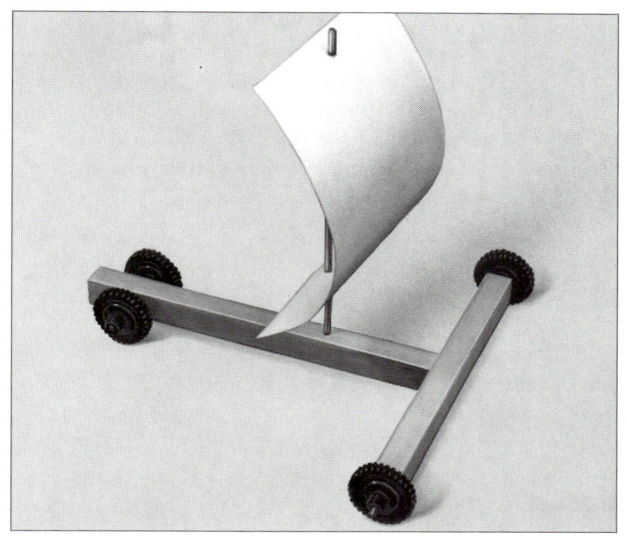

Mit Luft kann man auch ein Fahrzeug antreiben – das Luftballonauto.

Dazu benötigst du:

- eine Grundplatte (Fahrgestell)
- zwei Achsen mit jeweils Gewinde an den Enden
- vier Räder
- Halterung für den Luftballon
- einen Luftballon

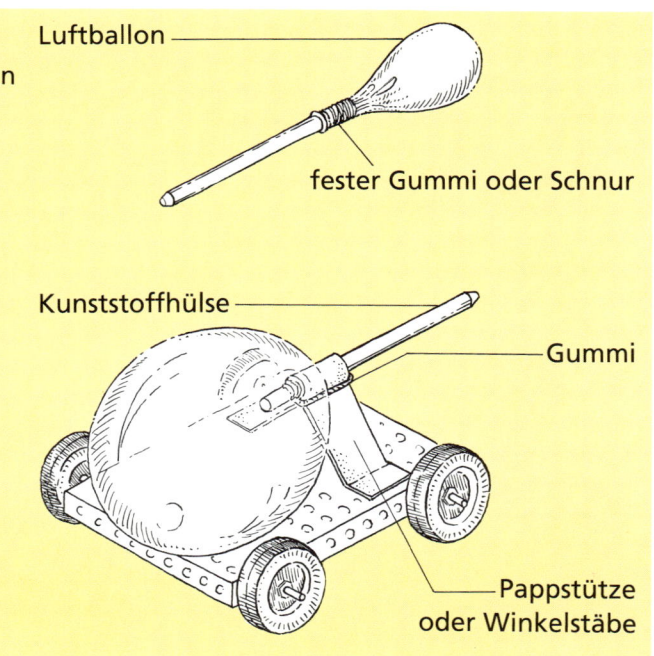

Beim Ausprobieren unserer Modelle stellen wir leider oft fest, daß besonders die Lenkeinrichtung ein schwieriges Problem ist. Soll doch unser Fahrzeug die gewünschte Richtung einschlagen.

So kannst du vorgehen:

- Das vordere Fahrgestell montieren (das ist das Drehgelenk).
- Das hintere Fahrgestell montieren und fest auf die Grundplatte aufschrauben.

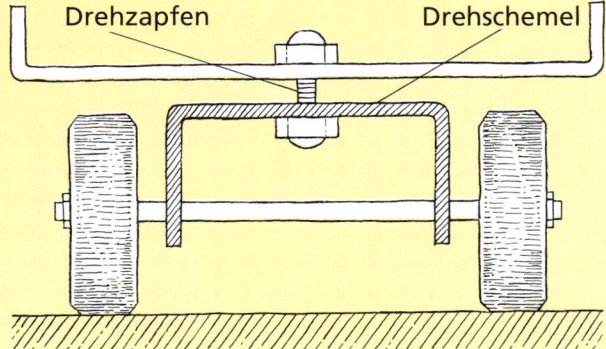

Drehzapfen   Drehschemel

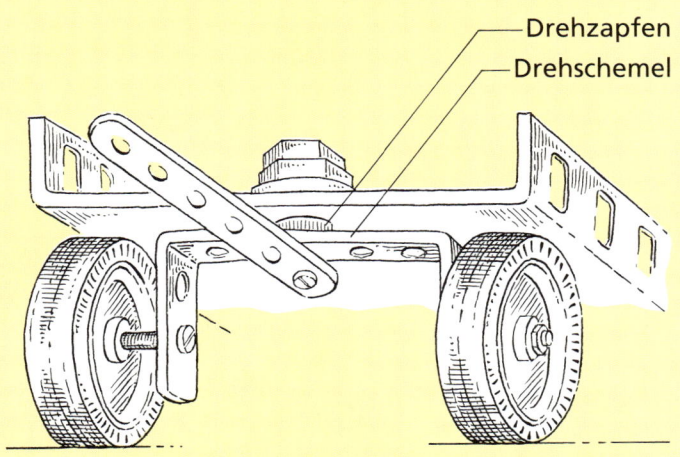

Drehzapfen
Drehschemel

Diese Art der Lenkung nennt man Drehschemellenkung. Es ist die einfachste Art, mehrspurige Fahrzeuge zu lenken. Kutschen haben diese Lenkung und auch die ersten Autos besaßen solch eine Drehschemellenkung.

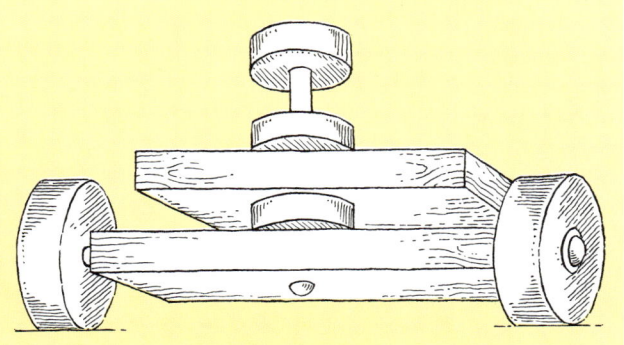

Nun ist unser Fahrzeug sehr beweglich, jedoch ist ein
Lenken trotzdem noch nicht so einfach möglich.

Hier einige Lösungsvorschläge:

Das Floß

Der Bau von Wasserfahrzeugen und ihre Nutzung gehören zu jenen Tätigkeiten, deren Anfänge um Jahrtausende zurückliegen. Wie aber mögen die Anfänge ausgesehen haben?

Als urzeitliche Jäger die nahrungsreichen Wasserläufe aufsuchten, mag es wohl geschehen sein, daß irgend jemand einen schwimmenden Baumstamm benutzte. Vielleicht um sich vor Hochwasser zu retten oder um an das andere Ufer zu gelangen. Aber es war beschwerlich, den Baumstamm mit den Händen in der gewünschten Richtung zu halten. Oft genug kam es vor, daß sich der Stamm in der Strömung drehte, den Menschen und seine Lasten abwarf. Band man dagegen zwei oder mehrere Stämme zusammen, kenterten sie nicht mehr. Das Floß war geboren. Durch Staken mit einer Stange oder einem Ast läßt es sich steuern.

Ein solches Floß zu bauen ist einfach.

Dazu benötigst du:

Teil	Stück	Benennung	Werkstoff	Maße
4	1	Ruder	Kunststoff	
3	1	Rundholz	Naturmaterial	ø7 x 70
2	2	Rundholz	Naturmaterial	ø7 x 120
1	6	Rundholz	Naturmaterial	ø10 x 200

So kannst du vorgehen:

- Ausschneiden des Ruders.
- Sägen der Rundhölzer.
- Befestigen des Ruders.
- Verbinden der Rundhölzer.
- Einsetzen des Ruders.

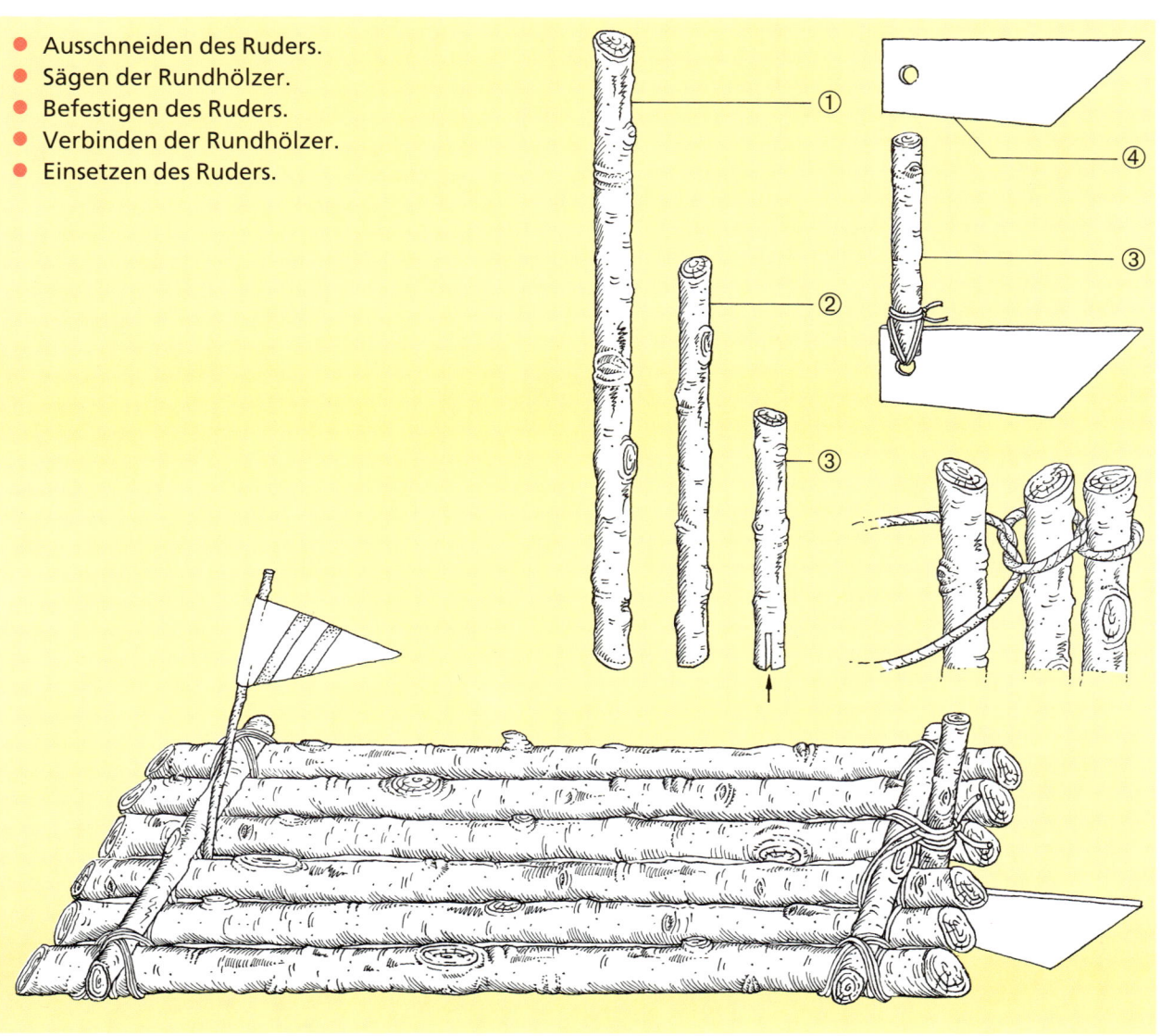

Der Katamaran

Je nach den örtlichen Bedingungen der Naturvölker entstanden z. B.:
– die Balsa- und Holzflöße der südamerikanischen Indianer,
– die Schilf-, Bambus- und Papyrusflöße der Ägypter,
– die Fellboote (Kajaks) der Eskimos.

Daß der Mensch mit derartigen Flößen und Booten Flüsse und Seen befuhr, Waren transportierte und tauschte, ist bewiesen.

Daß der Mensch, der weder Kompaß noch Seekarte besaß, sich mit seinen einfachen Fahrzeugen auf das offene Meer hinauswagte, ja sogar Ozeane überquerte, hat der norwegische Forscher Thor Heyerdahl durch seine waghalsigen und spektakulären Expeditionen zu beweisen versucht.

Willst du mehr von diesen Expeditionen erfahren, solltest du seine spannenden Berichte über die Fahrt mit dem Balsafloß „Kon-Tiki", dem Papyrusboot „Ra" und dem Schilfboot „Tigris" lesen.

Eine besondere Art eines Floßes stellt das Auslegerboot – der Katamaran – dar. Katamaran stammt aus der Milensprache und bedeutet gebündeltes Holz. Die Heimat diese Bootes sind die südamerikanischen und südasiatischen Küstengebiete. Die starke Brandung dieser Küstengebiete zwang die Bewohner, ein kentersicheres Wasserfahrzeug mit hoher Stabilität zu entwickeln.

Willst du einen solchen Katamaran bauen?

Dazu benötigst du:

Teil	Stück	Benennung	Werkstoff	Maße
6	1	Segel	Karton/Stoff	
5	1	Rundholz für Mast	Naturmaterial	ø5 x 220
4	1	Rundholz für Ausleger	Naturmaterial	ø5 x 170
3	2	Rundholz für Ausleger	Naturmaterial	ø5 x 200
2	1	Rundholz für Bootskörper	Naturmaterial	ø10 x 50
1	2	Rundholz für Bootskörper	Naturmaterial	ø10 x 300

So kannst du vorgehen:

- Schneiden (Segel, Bast oder Schnur).
- Sägen der Teile für den Bootskörper, Ausleger und Mast auf Länge (Maße entnimm der Tabelle).
- Herstellen des Bootskörpers.
- Verbinden von Bootskörper und Ausleger.
- Verbinden von Bootskörper und Mast mit Segel.

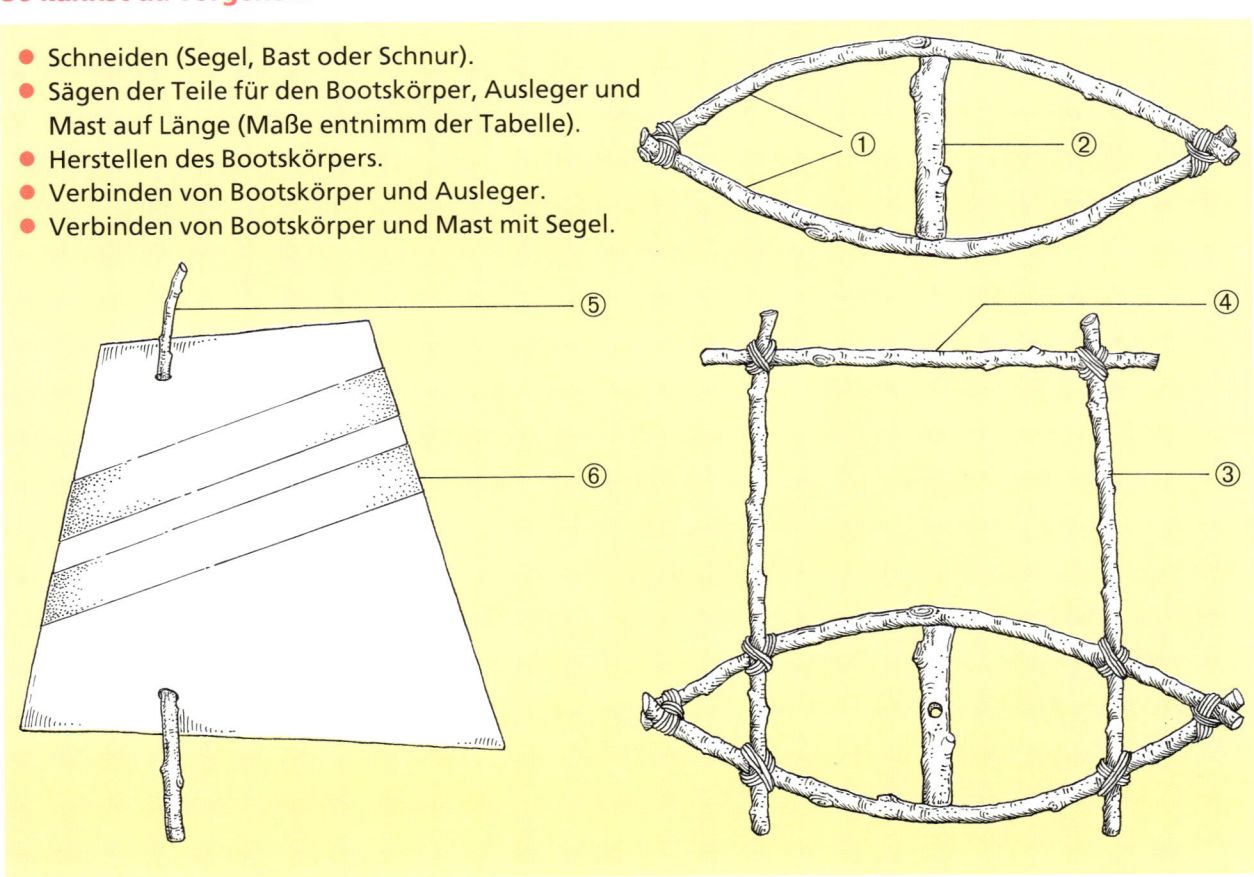

Das Rennboot

Durch den Ast, das Ruder, das Segel und andere Antriebs- und Steuermöglichkeiten wurde der Mensch zunehmend unabhängiger von den Kräften der Natur.

Mit der Erfindung der Dampfmaschine begann auch ein neues Zeitalter in der Schiffahrt. Die Schiffe wurden nicht mehr aus Holz, sondern aus Metall gebaut. Neue , leistungsfähige Motoren machten die Schiffe immer größer und schneller.

An einem Rennboot wollen wir als Antriebsmöglichkeit Schaufelräder mit Gummiantrieb ausprobieren.

Dazu benötigst du:

Teil	Stück	Benennung	Werkstoff
7	1	Gummi mit Einhängung	Nagel/Gummi
6	1	Bootsaufbau	Styropor
5	2	Lagerung der Welle	Haken
4	2	Schaufelräder	Korken/ Kunststoffstreifen
3	1	Antriebswelle	Holz
2	1	Schiffskörper	Sperrholz
1	1	Schiffskörper	Styropor

So kannst du vorgehen:

- Schiffsform herausarbeiten.
- Schaufelräder herstellen.
- Lagerungen für die Welle einschrauben und Welle mit den Schaufelrädern anbringen.
- Nagel einschlagen und umbiegen, Gummi einhängen und spannen.
- Bootsaufbau ausschneiden und aufkleben.

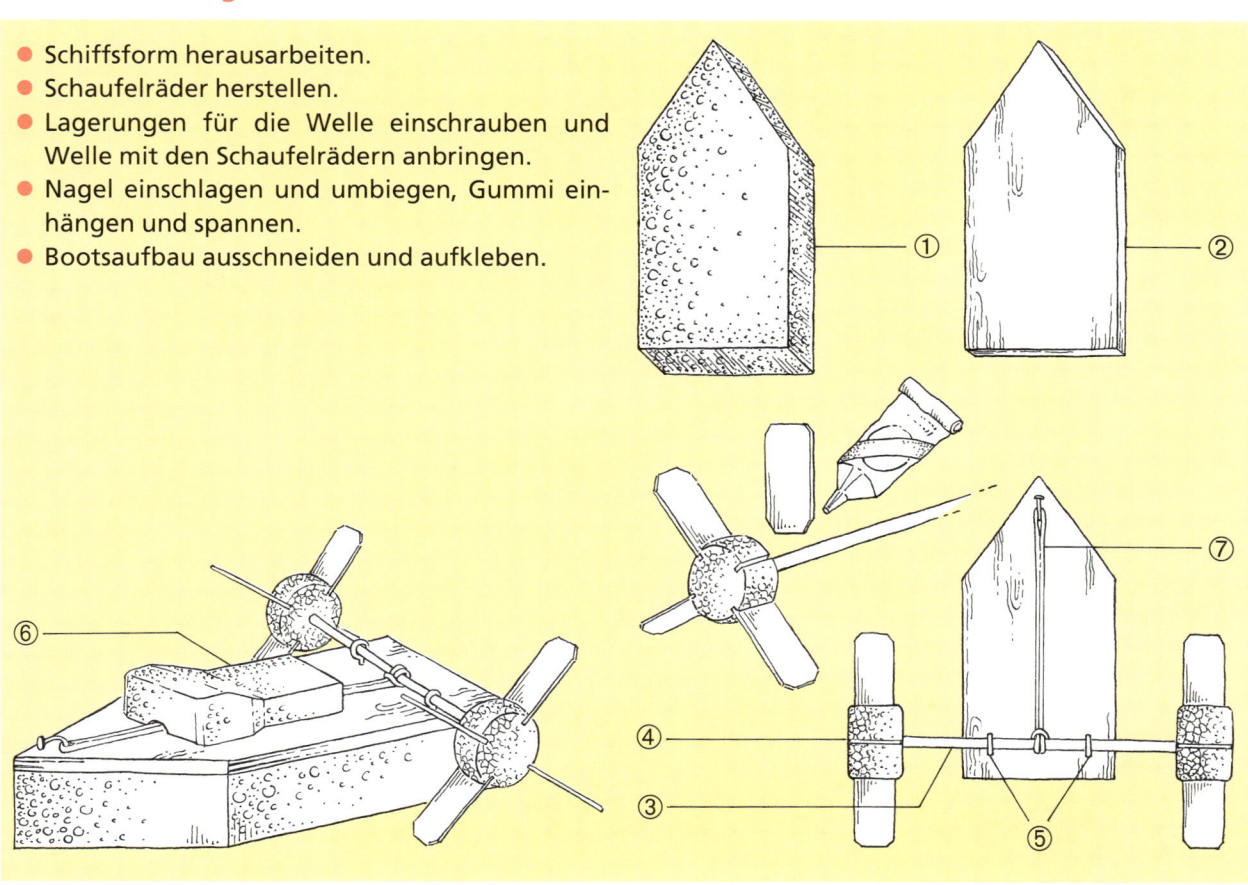

Ein Rennboot ganz anders gebaut.

Dazu benötigst du:
- einen Luftballon
- eine Kunststoffflasche
- eine Kunststoffhülse (ø ≈ 15 mm)
- Klebestreifen
- einen großen Nagel

So kannst du vorgehen:

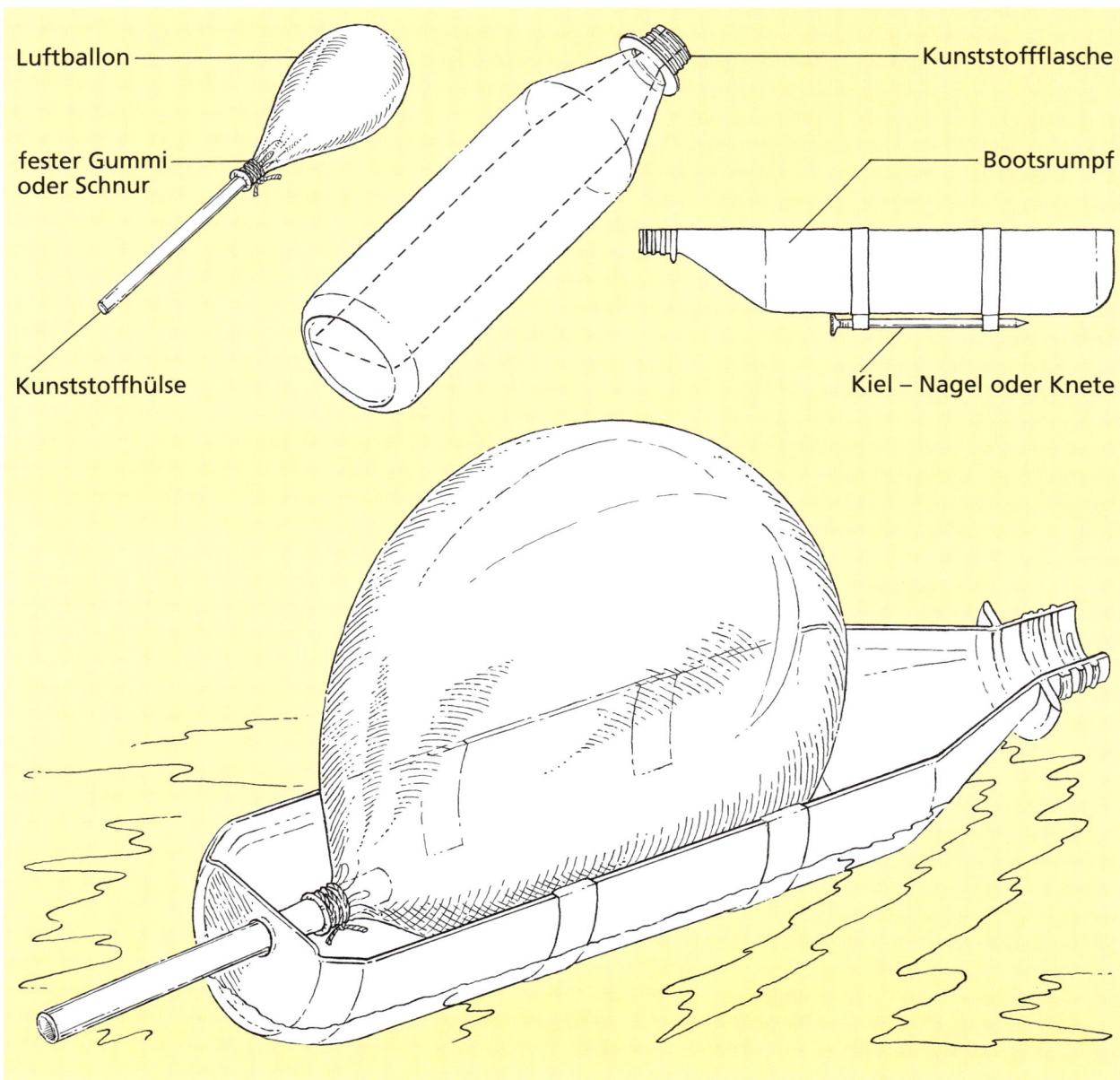

Luftballon

Kunststoffflasche

fester Gummi oder Schnur

Bootsrumpf

Kunststoffhülse

Kiel – Nagel oder Knete

Alles dreht sich

Das Problem, daß die durch den Antrieb erzeugte Bewegung nicht mit der Bewegung des Werkzeuges übereinstimmt, beschäftigte die Konstrukteure seit es die Technik gibt. Eine niedrige Drehzahl muß vielfach in eine höhere umgewandelt werden. Oft tritt auch der umgedrehte Fall auf oder eine Drehbewegung muß in eine hin- und hergehende Bewegung umgeformt werden.

Viele Entwicklungen in bezug auf Getriebe werden dem griechischen Wissenschaftler Aristoteles zugeschrieben. Er lebte von 384 bis 322 vor Christus.

Darstellungen in dem Buch „Mechanische Probleme" sind die frühesten Zeugnisse über Zahnräder und Getriebe.

Interessante Anwendungen von Zahnrädern beschrieb im Jahre 60 v. Chr. Heron von Alexandria. Eine davon nannte er barulkos, was mit Kran oder Lastenheber übersetzt werden kann.

Die Töpferscheibe

Das Herstellen von Gebrauchsgegenständen aus Ton ist eine der ältesten Tätigkeiten der Menschen. Immer wieder bewundert man diese Kunst. Vor allem wunderschöne Vasen, Töpfe, Schüsseln u.v.m. verdeutlichen, wie man mit Fingerfertigkeit, Ausdauer, gleichmäßiger Bewegung und einem „gutem" Auge solche Gegenstände mit Fantasie herstellen kann.

Noch heute kann man auf Wochenmärkten die unterschiedlichsten Techniken des Töpfers unmittelbar miterleben. Faszinierend sind auch die eingebrannten Farben bzw. Glasuren.

Aber wie funktioniert eigentlich
eine Töpferscheibe?

Diese Variante ist sicherlich die älteste Methode
eine Töpferscheibe anzutreiben. Die Füße treiben
die Scheibe an. Sie bestimmen die Geschwindigkeit,
lösen den Vorgang aus und beenden ihn. Schon bei
der Herstellung von vielen Gegenständen ist diese
Art des Antriebes sehr ermüdend.

Versuche ein Modell zu entwickeln, wo du die Muskelkraft durch eine bessere technische Lösung ersetzen kannst.

Folgende Möglichkeiten wären denkbar:
Hierbei sind aber noch einige Fragen offen. Wie
wird die Drehbewegung z. B. bei den Varianten 2
oder 3 realisiert? Wie kann man die hohe Drehzahl
des Elektromotors verändern.
Einige Getriebearten stehen zur Verfügung.

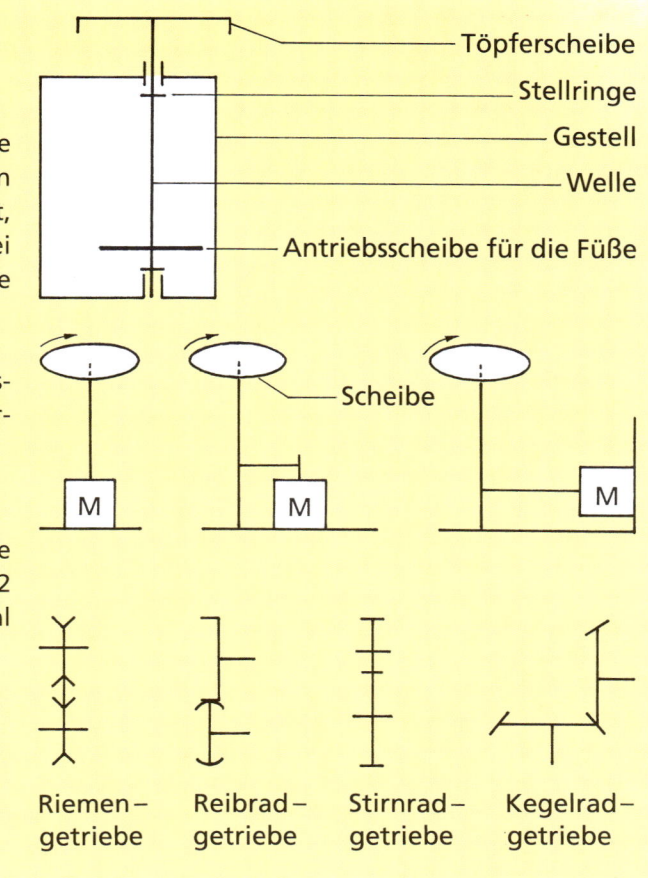

Töpferscheibe
Stellringe
Gestell
Welle
Antriebsscheibe für die Füße

Scheibe

M   M   M

Riemen–   Reibrad–   Stirnrad–   Kegelrad–
getriebe   getriebe   getriebe   getriebe

Baue das Modell einer Töpferscheibe!

Dazu benötigst du:

- ein Gestell
- einen Elektromotor
- ein Getriebe
- Lagerbuchsen

Die Bohrmaschine

Die Menschen haben bereits in frühester Zeit ihrer Entwicklung versucht, einfache technische Hilfsmittel zu konstruieren und diese zu nutzen. Faustkeile und Tierfallen sind dir sicher bekannt. Auch das Bohren von Löchern kannte man schon 5 000 Jahre v. Chr. Eine dieser Bohrmaschinen könnte so ausgesehen haben. Als Bohrer verwendete man einen Holzstab, dessen Spitze mit Knochen- oder Feuersteinstücken versehen wurde.

Betrachte die Abbildung und erläutere den Bohrvorgang. Wozu diente wohl der große Stein rechts oben?

Heute stehen dem Menschen moderne Maschinen, Werkstoffe und Werkzeuge zur Verfügung, mit denen die Arbeit schneller geht und auch leichter ist.

Mit einfachen Mitteln kannst du eine solche „alte"
Bohrmaschine bauen.

Dazu benötigst du:

- zwei gerade Astgabeln
- einen biegsamen, geraden Ast
- einen geraden, stabilen Ast
- einen flachen, spitzen Stein
- einen Stein
- ein flaches Brett
- Schnur

So kannst du vorgehen:

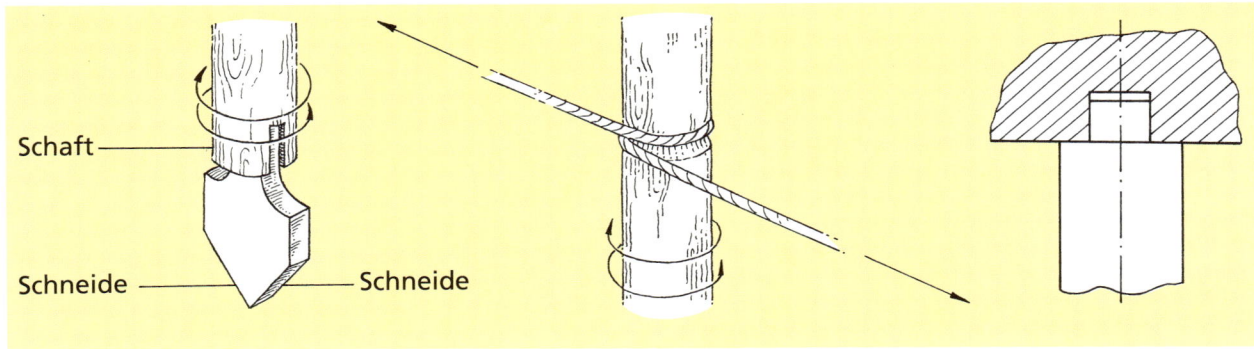

Baue nun das Modell einer Handbohrmaschine mit
Baukastenteilen auf.

So kannst du vorgehen:

- Die Handkurbel, mit der die Drehbewegung erzeugt wird (Antrieb) ist im rechten Winkel zur
Welle des Bohrers (Abtrieb), angebracht.
- Führe eine Funktionsprobe deines Modells durch,
indem du in ein weiches Material bohrst. Beobachte den Verlauf der Drehbewegung vom An-
zum Abtrieb.
- Bei winklig zueinander liegenden Wellen kann
die Drehbewegung durch Kegelräder übertragen
werden.

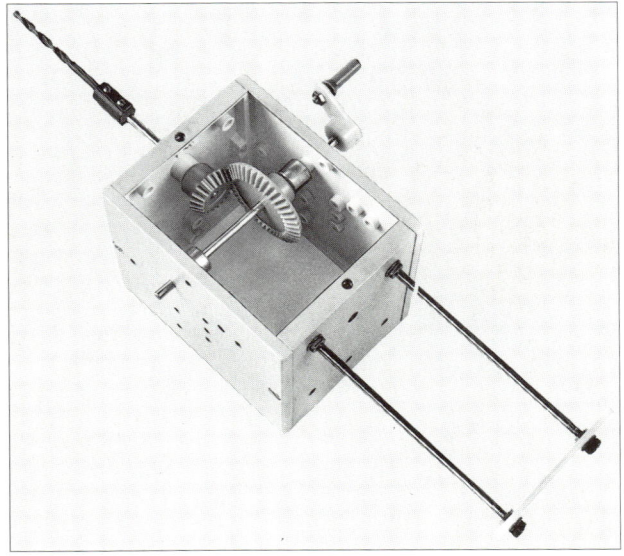

Die Nähmaschine

Kleidung hat vielfältige Funktionen. Der immer schnellere Wechsel der Mode und der erhöhte Bedarf an zweckmäßiger Kleidung erhöhen die Nachfrage. Ohne moderne Nähmaschinen ist eine vielfältige Kleiderproduktion heute nicht mehr denkbar. Doch über Jahrhunderte hinweg mußten Kleidung und andere Textilien in Nähstuben von Hand gefertigt werden. Das war eine anstrengende und schmerzhafte Arbeit.

Um 1800 erfand Balthasar Krems in Deutschland eine Maschine, mit der er bis zu 300 Stiche in der Minute nähen konnte. Eine Geschwindigkeit, die auch für die geschickteste Näherin unerreichbar ist. Die Erfindung von Krems beruhte auf einer genialen Idee, er ordnete das Öhr an der Spitze der Nadel an. Der Antrieb erfolgte noch mit der Muskelkraft des Menschen über den Fuß.

Heute werden Nähmaschinen mittels Elektromotoren angetrieben und vollziehen etwa 100 Stiche je Minute. In der Bekleidungsindustrie werden Hochleistungsmaschinen eingesetzt, die bis zu 5 000 Stiche je Minute schaffen.

Der Aufbau und die Funktion einer Nähmaschine ist heute recht kompliziert.
Die Drehbewegung des Elektromotors muß so umgewandelt werden, daß
- sich die Nadel hebt und senkt,
- der Fadengeber auf und ab geht,
- sich der Greifer für den Oberfaden unter der Stichplatte dreht und sich gleichzeitig die Spule mit dem Unterfaden dreht,
- der Stoffschieber den Stoff ein Stückchen weiter bewegt.

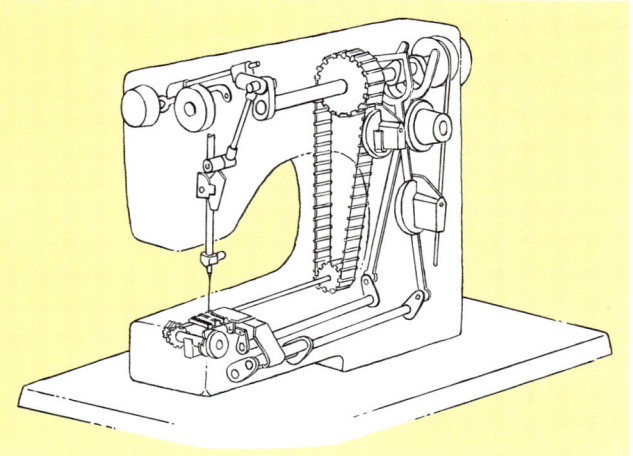

Wir wollen ein Modell einer Nähmaschine bauen und dabei untersuchen, wie die Drehbewegung des Motors in die auf- und abgehende Bewegung der Nadel umgewandelt wird.

Für die Umwandlung einer drehenden in eine hin- und hergehende Bewegung werden Kurbelgetriebe angewendet. Kurbelgetriebe können auf der Anwendung von Kurbelscheiben, Kurbelwellen, Kurbeln oder Exzentern beruhen.

Wende eine Art des Kurbelgetriebes für die Konstruktion eines Modells einer Nähmaschine an.

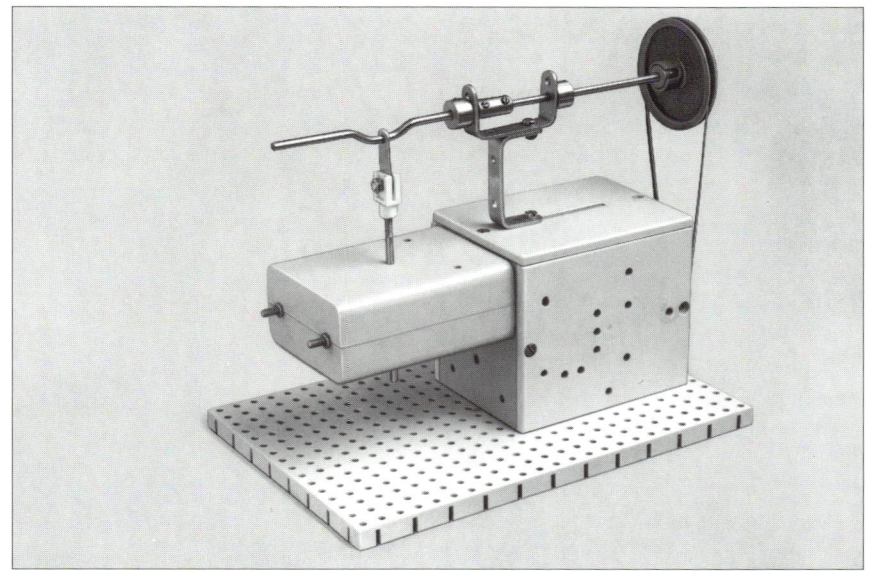

Das Rührgerät

Die Nahrungszubereitung im Haushalt erfordert viele unterschiedliche Tätigkeiten.

Auch auf diesem Gebiet suchte der Mensch ständig nach neuen Hilfsmitteln, die ihm die Arbeit erleichtern sollten. Für sehr viele Tätigkeiten stehen heute neben den althergebrachten Hilfsmitteln neue elektrische Geräte zur Verfügung.

Eines der am häufigsten genutzten elektrischen Küchengeräte ist das elektrische Handrührgerät, auch Mixer genannt. Man findet dieses Gerät in über 80 Prozent aller Haushalte in Deutschland.

Finde Tätigkeiten in der Küche, bei denen elektrische Geräte eingesetzt werden können.

Vergleiche den Aufwand an Zeit, Energie und Kraft bei Tätigkeiten im Haushalt mit und ohne moderne Hilfsmittel.

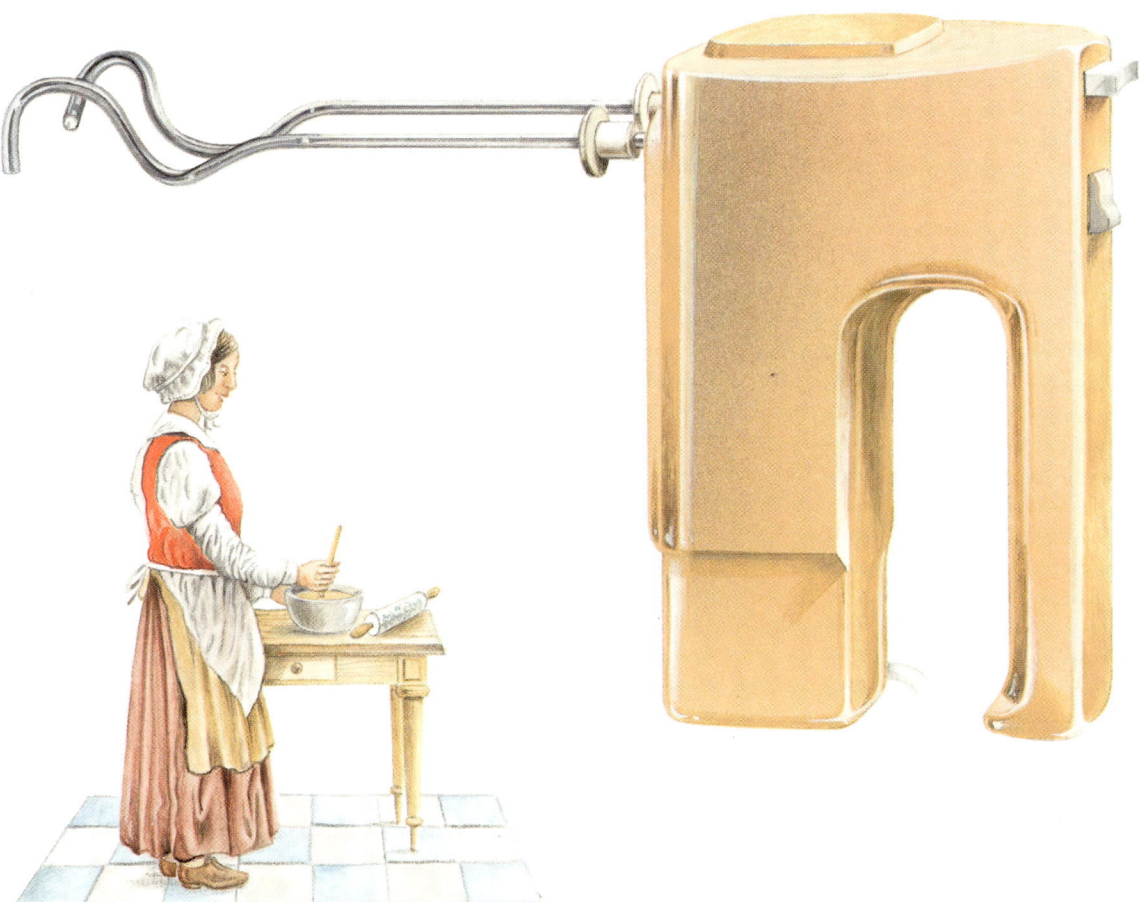

Auch heute findet man noch Rührgeräte, die von Hand angetrieben werden. Durch Drehen einer Kurbel werden die Rührbesen in Bewegung gesetzt.

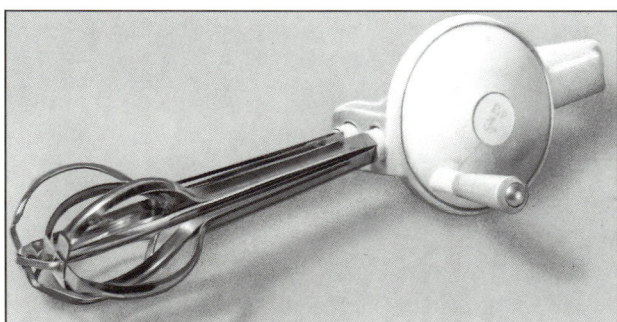

Beim Bau des Modells eines mechanischen Rührgerätes solltest du fogendes beachten:

1. Bei einer Umdrehung der Kurbel drehen sich die Rührbesen zweimal.
Die Rührbesen drehen sich gleich schnell, aber entgegengesetzt.

2. Greifen zwei Stirnräder ineinander, so drehen sie sich zueinander entgegengesetzt. Sind drei Stirnräder miteinander verbunden, ist die Drehrichtung der äußeren Räder gleich. Ist das Antriebsrad doppelt so groß wie die Abtriebsräder, drehen sich diese zweimal so häufig.

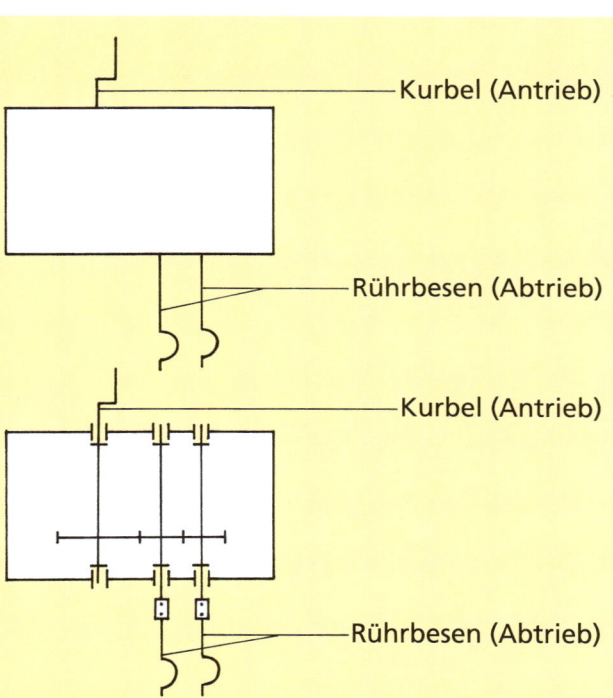

Kurbel (Antrieb)

Rührbesen (Abtrieb)

Kurbel (Antrieb)

Rührbesen (Abtrieb)

Baue das Modell mit deinem Baukasten auf.

Dazu benötigst du:
- eine Kurbel
- Zahnräder(Stirnräder)
- Wellen
- ein Gehäuse
- Schrauben und Muttern

Das elektrische Rührgerät kannst du auf der Grundlage des mechanischen Rührgerätes bauen.

Am Original erreichen wir durch Betätigen des Schalters, daß sich die Rühreisen schneller oder langsamer
drehen.
Die Funktionsweise kannst du mit zwei einfachen
Schaltungen ausprobieren.

Dazu benötigst du:
- einen Spielzeugmotor
- eine Flachbatterie (4,5V)
- zwei Leitungen(Klingeldraht)
- einen elektrischen Widerstand

So kannst du vorgehen:

- Baue folgende Schaltungen nacheinander auf und
  vergleiche die Drehzahlen des Motors.
  Was stellst du fest?

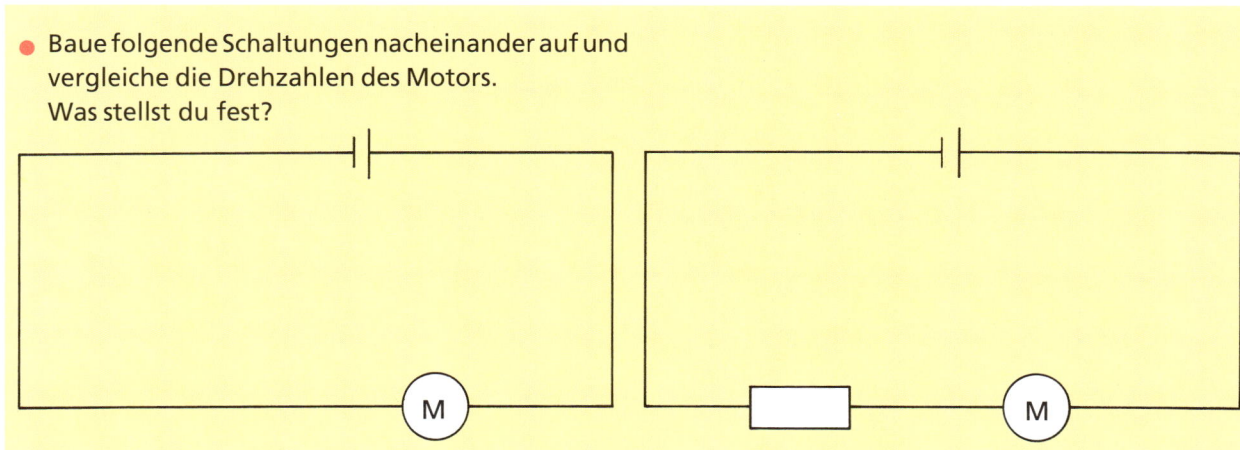

- Durch das Vorschalten eines Widerstandes wird die Drehzahl des Motors kleiner.
- Mit Hilfe eines Umschalters, den du leicht selbst bauen kannst, können beide Schaltungen gleichzeitig aufgebaut werden.
- Ergänze die elektrische Anlage an deinem Modell so, daß zwei Drehzahlen möglich sind.

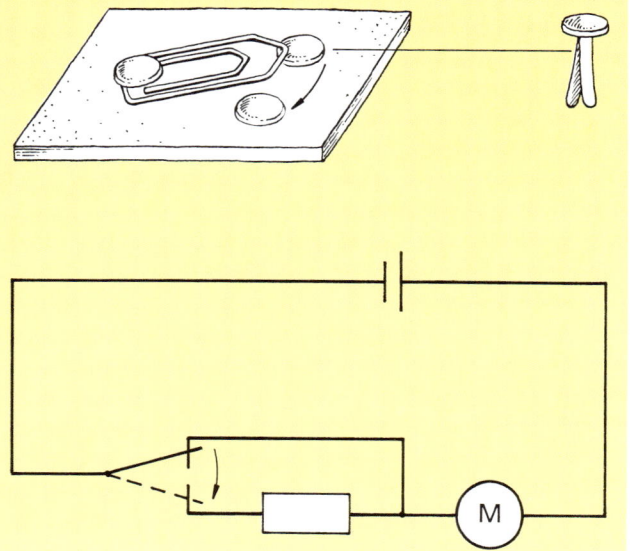

Der Scheibenwischer

Das Autofahren bei Regenwetter macht kaum einem Autofahrer Spaß. Für eine durchgehend klare Sicht gibt es zum Glück an jedem Auto Scheibenwischer. Ihre Bedeutung wird dem Fahrer eigentlich erst dann richtig bewußt, wenn der Scheibenwischer ausfällt.

Der Scheibenwischer soll durch automatisches Abwischen der Regentropfen von der Frontscheibe die gute Sicht des Kraftfahrers auch bei Regen garantieren. Hast du schon einmal darüber nachgedacht, welche Anforderungen ein Scheibenwischer erfüllen muß, damit er diese Aufgabe realisiert?

Anforderungen an einen funktionstüchtigen Scheibenwischer:
- Der Wischer muß sich hin- und herbewegen.
- Der Wischer sollte in verschiedenen Geschwindigkeiten betrieben werden können.
- Das Einschalten und Umschalten zwischen den Geschwindigkeiten soll durch einfaches Schalterbetätigen vom Fahrerhaus aus erfolgen.

Damit der Scheibenwischer richtig funktioniert, sind viele Probleme zu lösen:
- Wir wissen, der Antrieb erfolgt durch einen Elektromotor.
  Die Antriebsbewegung ist drehend.
  Wie erreichen wir eine schwingende Bewegung des Wischers?
- Uns ist außerdem bekannt, daß die Drehbewegung eines Motors weitgehend gleichmäßig ist.
  Wie können wir unterschiedliche Geschwindigkeiten des Wischers erreichen?

- Auch muß oft die Drehbewegung des Motors verlangsamt werden, damit eine größere Antriebskraft erzeugt werden kann.
  Welche Möglichkeiten kennst du dafür?

Unterbreite Vorschläge für die Lösung dieser Probleme.
Welche weiteren Probleme siehst du noch?
Wiederholt haben wir feststellen können, daß technische Probleme unterschiedliche Lösungsmöglichkeiten zulassen.
Wir wollen einige Lösungsvarianten für die einzelnen Probleme erörtern.
Vergleiche die einzelnen Lösungsmöglichkeiten miteinander und beschreibe sie.
Werte die Lösungsmöglichkeiten unter Beachtung der Realisierbarkeit und Zweckmäßigkeit.

Für die weitere Problemlösung wollen wir untersuchen, wie die typische Scheibenwischerbewegung – das Hin- und Herschwingen – erreicht werden kann. Hierfür nutzen wir eine Kurbelschwinge.

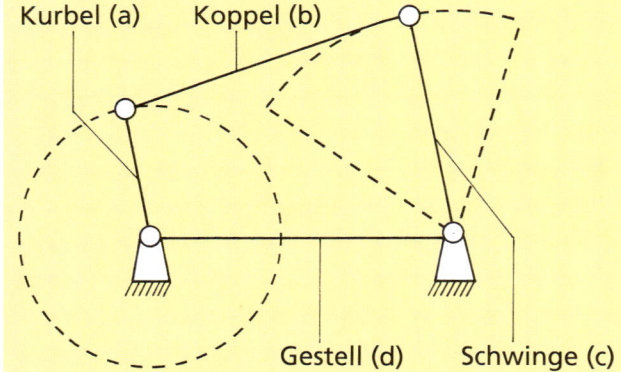

Kurbel (a)   Koppel (b)

Gestell (d)   Schwinge (c)

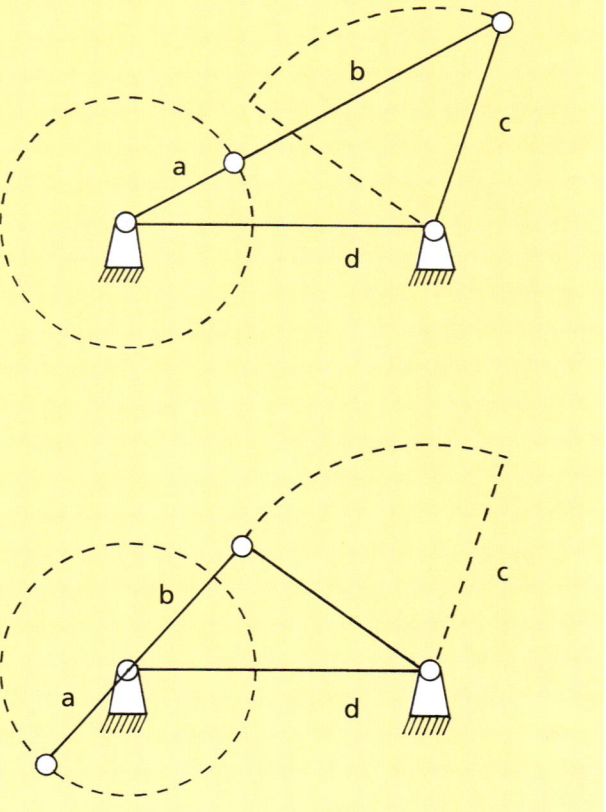

Das Grundprinzip der Kurbelschwinge beruht auf einer Viergelenkkette. Sie besteht aus vier starren Gliedern, die durch vier Drehgelenke zu einer geschlossenen „Kette" verbunden sind.
Die Viergelenkkette besitzt beispielsweise im Vergleich zu Drei- oder auch Fünfgelenkketten technisch bedeutsame Bewegungseigenschaften.

Stelle aus Pappstreifen und Musterklemmen je eine Drei-, Vier-, und Fünfgelenkkette her und untersuche die Bewegungseigenschaften.
Was stellst du fest?

Werden nur drei Glieder miteinander verbunden, so erhält man ein Gelenkdreieck, das trotz seiner gelenkigen Verbindungen starr und unverschiebbar ist.
Bei einer Fünfgelenkkette sind die einzelnen Glieder zwanglos gegeneinander beweglich.
Die Viergelenkkette ermöglicht ebenfalls das Verschieben ihrer Glieder.
Was geschieht aber, wenn man eines der Glieder, wie auf der Abbildung zum Schema der Kurbelschwinge, festlegt?

Legt man eines der Glieder der Viergelenkkette fest, dann können die anderen nur ganz bestimmte Bewegungen ausführen. Man spricht von zwangsläufigen Bewegungen.

Variiere die Längen der einzelnen Glieder und ermittle, wann mit einer Viergelenkkette eine Dreh- in eine Schwingbewegung umgeformt werden kann.

Damit eine Drehbewegung in eine Schwingbewegung umgeformt werden kann, müssen das kürzeste und das längste Glied zusammen kleiner sein als die beiden anderen Glieder.

Kurbel (a) Koppel (b) Schwinge (c)

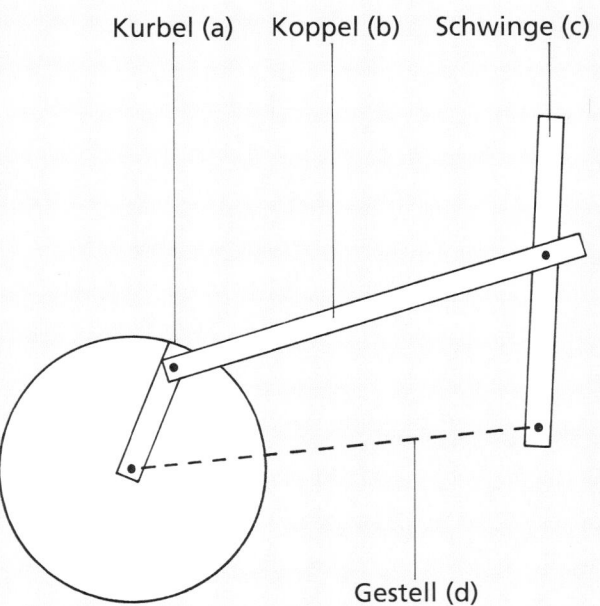

Gestell (d)

Nachdem wir nun wissen, wie wir die drehende Bewegung des Motors in die hin- und hergehende Bewegung umwandeln können, wollen wir ein Scheibenwischermodell aufbauen.

Wie können wir nun aber unterschiedliche Drehzahlen des Motors erreichen, um den Scheibenwischer zum Beispiel auch bei starkem Regen einsetzen zu können?

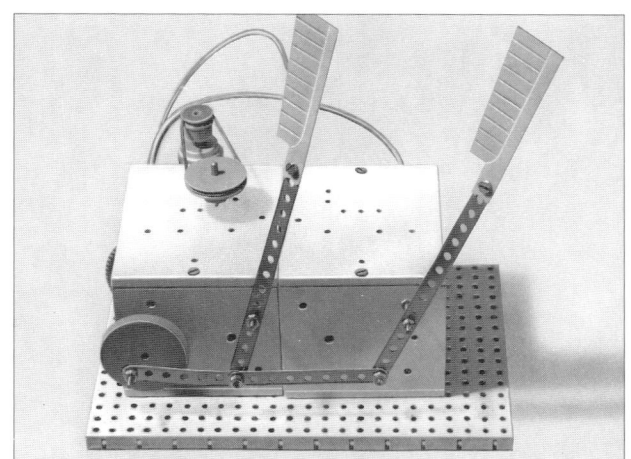

Der Wagenheber

Pneumatik, so heißt der Bereich, der sich mit Druck-
luft und deren Anwendung befaßt. Das Wort Pneumatik ist von dem griechischen Wort „Pneuma" ab-
geleitet.
Pneuma hieß bei den alten Griechen der Hauch,
Atem oder Luft. Bereits in der Antike wurde Druck-
luft zum Betreiben von Geräten genutzt.
Ein bekanntes Beispiel ist der Tempeltürenautomat.

Zum besseren Verständnis der Pneumatik kannst du
die folgenden einfachen Versuche durchführen.

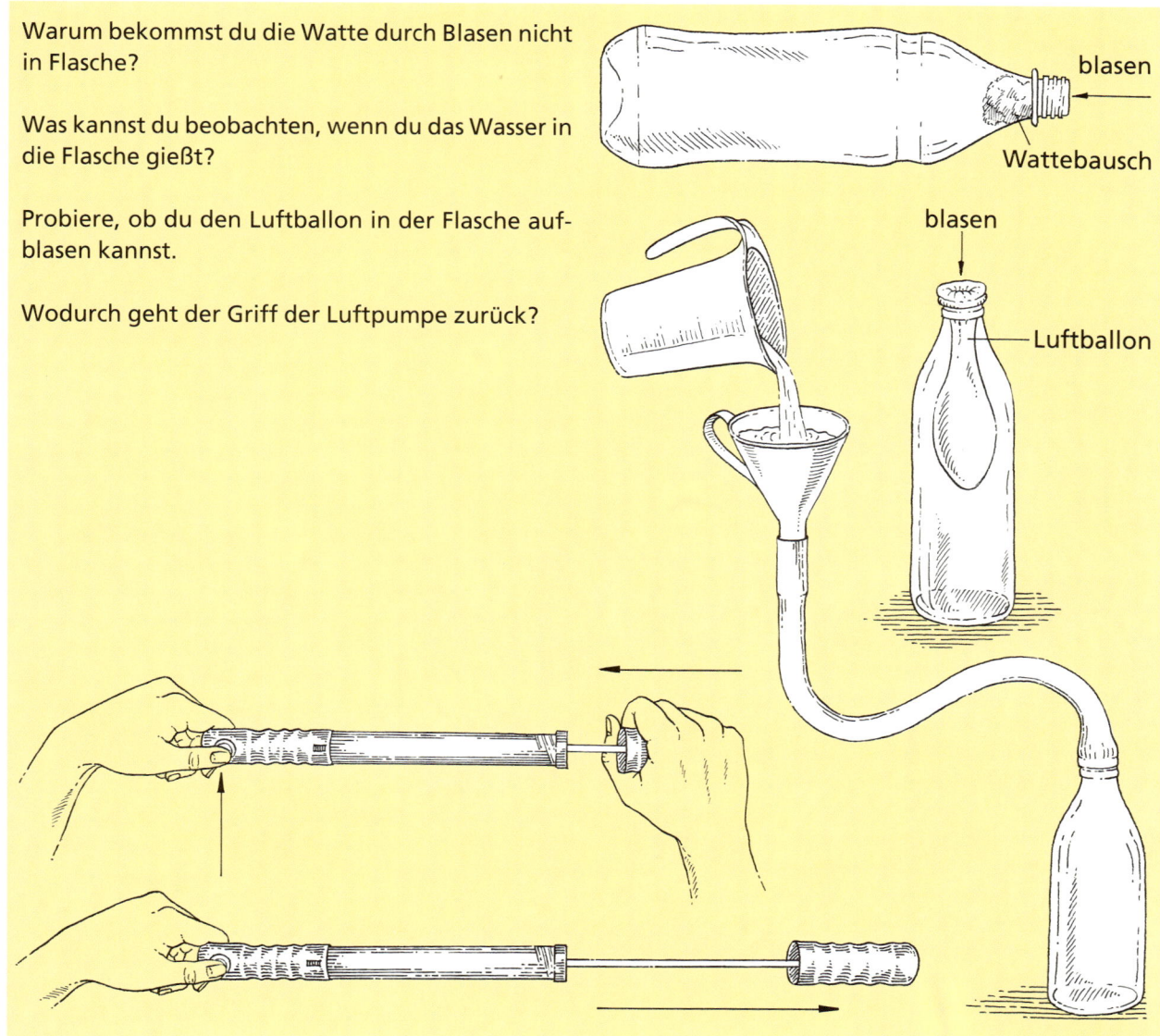

Warum bekommst du die Watte durch Blasen nicht
in Flasche?

Was kannst du beobachten, wenn du das Wasser in
die Flasche gießt?

Probiere, ob du den Luftballon in der Flasche auf-
blasen kannst.

Wodurch geht der Griff der Luftpumpe zurück?

blasen

Wattebausch

blasen

Luftballon

Luftballon

Wenn du die Versuche durchgeführt hast, konntest
du folgendes feststellen:
Die Luft ist ein Körper. Die Luft nimmt den Raum in
der Flasche ein. Deshalb kann sich kein anderer Körper in der Flasche ausbreiten.
Die Luft ist elastisch. Der Fachmann sagt: „Die Luft
ist kompressibel, das heißt sie läßt sich zusammen-
drücken."

Das alles wollen wir nun für unsere Modelle aus-
nutzen.

Baue folgenden Grundaufbau auf und probiere
diese Anordnung aus.

Wenn du diesen Grundaufbau mit einer Wäsche-
klammer erweiterst, ist der Anfang für einen Wa-
genheber gemacht.

Als Anregung soll dir die Abbildung dienen.

Benutze nun diese Möglichkeit, Bewegungen zu
übertragen, um einen an einem Karton befestigten
Hebel zu bewegen.
Dieses Prinzip könntest du nutzen, um einen Kran
zu bedienen, ein Auto zu bremsen, einen Schaltkreis zu schließen oder vielleicht Maschinenteile zu
bewegen. Es gibt viele Möglichkeiten.

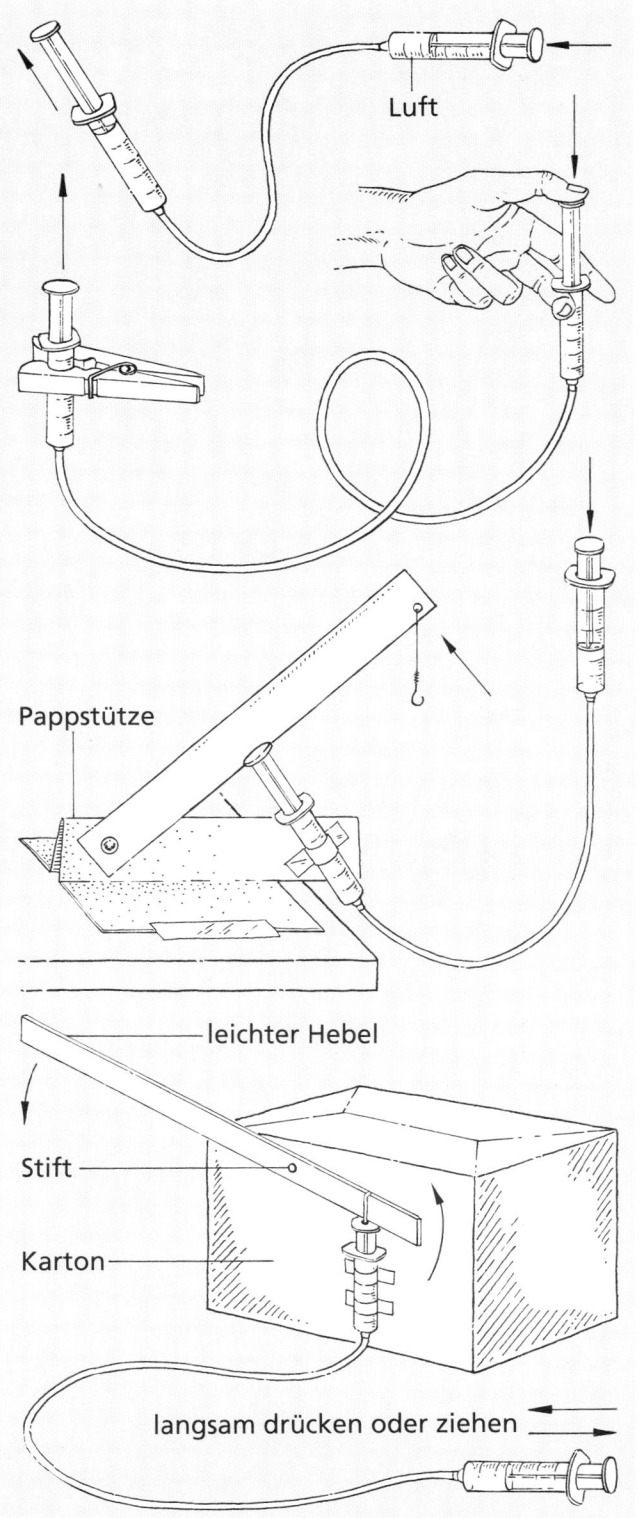

Luft

Pappstütze

leichter Hebel

Stift

Karton

langsam drücken oder ziehen

Rund um die Mühlen

Lange bevor sich die Eisenbahnen den Weg durch unsere Landschaften gebahnt hatten, drehten sich unaufhörlich die Räder und Flügel der Mühlen.

Schlecht befahrbare Wege, schmale Pfade führten zu den knarrenden und klappernden Wind- und Wasserrädern.

In den früheren Jahrhunderten hatte fast jedes Dorf seine Mühle und seinen Müller, woran nicht nur die Häufigkeit des Familiennamens „Müller" erinnert. Auch in Sagen und Märchen, im Volkslied und in der Literatur spielen Mühlen und Müller noch heute eine beachtliche Rolle.

Erinnert sei nur an die Müller in den Märchen „Tischlein deck dich ..." und bei den „Sieben Geißlein".

Früher, vor mehreren tausend Jahren, ernährten sich unsere Urahnen von Wurzeln, Beeren und Kräutern. Später bauten sie Getreide an, Brot wurde das Hauptnahrungsmittel, zu dessen Herstellung das Brotgetreide zwischen zwei Steinen zermahlen werden mußte.

Die Erfindung der Mühle nahm den Frauen und Mühlensklaven schwere Arbeit ab.

Der Mühlenantrieb wurde nicht nur zum Kornmahlen genutzt. Sondern auch zum Bewässern von Feldern, zum Pumpen von Wasser aus Schächten, zum Schmieden von Eisen und zum Sägen von Holz.

Die Mühle ist eine der ältesten Erfindungen der Menschheit.

Modelle der Maschinentechnik
Rund um die Mühlen
74 | **Wind, Wind gar mächtig bist du ...**

Wind, Wind
gar mächtig bist du ...

Eine Naturkraft wie der Wind, der Wolken vor sich hertreibt, das Meer aufwirbelt und Bäume entwurzelt, erweckte schon in frühesten Zeiten die Aufmerksamkeit der Menschheit.

Warum sollte der Mensch diese ungeheuren Kräfte des Windes ungenutzt lassen?

Bestrebt die Windkraft zu nutzen, erfand der Mensch zunächst das Segel, das ihn von der schweren Last des Ruderns befreite. Das Segel ermöglichte den Antrieb von Windrädern. Windräder gibt es erst seit tausend Jahren. Ihre Heimat ist der Orient.

Im Mittelmeerraum ist auch heute noch die orientalische Windmühle weit verbreitet, die im 12. Jahrhundert nach Europa gelangte. In Europa haben sich nach der Art, wie die Mühle in den Wind gedreht wird, zwei Grundformen herausgebildet:

– Die aufgebockte Windmühle (Bockwindmühle), die als ganzes mit Hilfe eines Schwenkbalkens (Sterz) in den Wind gedreht wird.

– Die aus Stein oder Holz ausgeführte Turmwindmühle mit drehbarer Haube, bekannt als Holländermühle.

Modelle der Maschinentechnik
Rund um die Mühlen
Wind, Wind gar mächtig bist du ... | **75**

Die Müllerregel „Wer zuerst zur Mühle kommt, mahlt zuerst", ist nicht nur in unsere Umgangssprache eingegangen, sie macht auch auf den Hauptmangel der Windmühlen aufmerksam. Bei Windstille kam es vor, daß die Bauern, die das Korn oft von weither zur Mühle gebracht hatten, häufig tagelang warten mußten.
Eine Windmühle arbeitet nur, wenn der Wind ihre Flügel bewegt.
Überzeuge dich davon. Baue eine Windmühle, die einen Schaukelbalken in Bewegung setzt.

Wußtest du, daß einst auch die Stellung ihrer Flügel verrieten, welche Feste gerade im Dorfe gefeiert wurden?
Erkundige dich! Du wirst erfahren:
– Bei Hochzeiten, Geburten aber auch bei Gewitter stand die Mühle in der Schere.
– Zu Begräbnissen und zum Feierabend bildeten die Mühlenflügel ein lotrechtes Kreuz.

Dazu benötigst du:

Teil	Stück	Benennung	Werkstoff	Maße
9	2	Figuren	Papier	
8	2	bewegliche Lagerung	Nagel, Schraube	
7	1	Schub- und Kurbelstange	Holzstab	≈ 300 lang
6	1	Schaukelbalken	Holzleiste	≈ 400 lang
5	1	Perle	Kunststoff	
4	1	Welle mit Kurbel	Stangendraht	ø 1,5 x 100
3	1	Windrad	Papier, Karton	180 x 180
2	1	Lager	Trinkhalm	≈ 40 lang
1	1	Haltestab	Holzleiste	≈ 500 lang

So kannst du vorgehen:

und „Glück zu!" – Das ist der Müllergruß, den einst die wandernden Gesellen entboten.

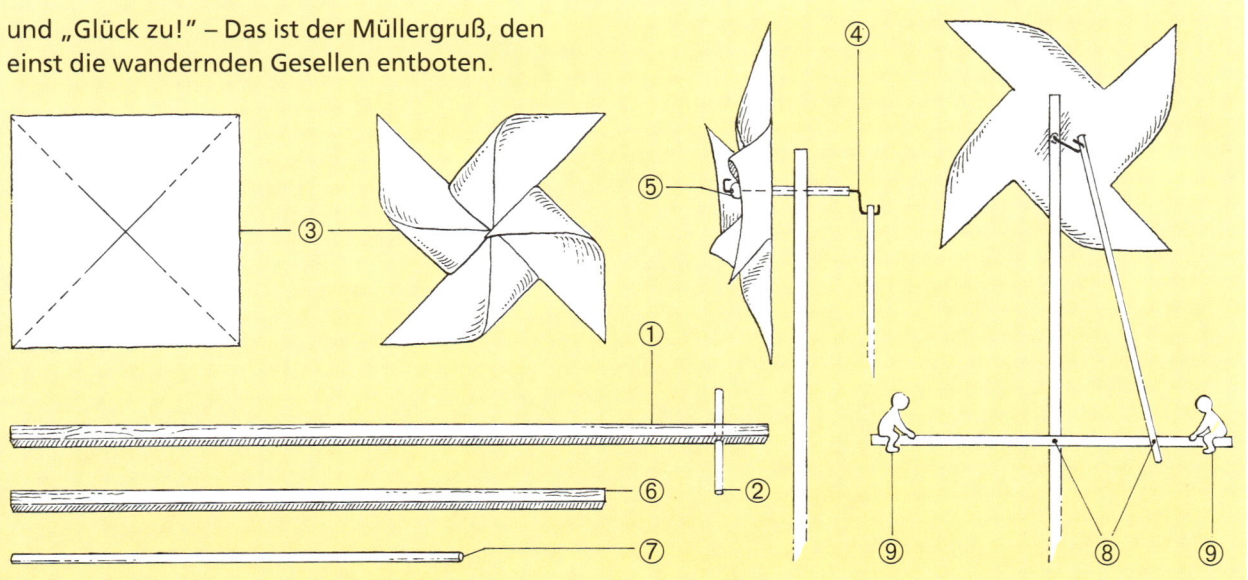

Modelle der Maschinentechnik
Rund um die Mühlen
76 | **Es klappert die Mühle …**

Es klappert die Mühle …

Das Wasserrad wurde wahrscheinlich im dritten Jahrhundert v. Chr. in Mesopotamien erfunden. Man vermutet, daß es aus dem Tretschöpfrad entwickelt wurde.

Es ist vorstellbar, daß bei höheren Wasserständen und größerer Fließgeschwindigkeit des Wassers sich das Tretschöpfrad auch ohne Treten in Bewegung setzte. Damit war die erste Energiemaschine erfunden. Die Griechen gaben ihr den Namen Noria.

Bereits in der Antike haben sich drei Grundformen von Wasserrädern herausgebildet, die die Energie des Wassers unterschiedlich nutzten:

- Unterschlächtiges Wasserrad
  Das ist die älteste Konstruktion. Durch die Kraft des gegen die Schaufeln drückenden Wassers werden die Räder in Bewegung gesetzt.

- Mittelschlächtiges Wasserrad
  Trifft das Wasser in Höhe der Radachse auf die Schaufeln des Wasserrades, spricht man vom mittelschlächtigen Wasserrad.

- Oberschlächtiges Wasserrad
  Bei diesem Wasserrad fällt das Wasser von oben auf die Schaufeln des Rades.

Modelle der Maschinentechnik
Rund um die Mühlen
Es klappert die Mühle ... | 77

Im Altertum gab es für das Wasserrad zwei Anwendungsgebiete:
– das Schöpfen von Wasser und
– das Mahlen von Getreide.
800 Jahre lang kam kein Mensch auf die Idee, diese natürliche Energiequelle für andere schwere Arbeiten des Menschen dienstbar zu machen.
Erst seit dem 12. Jahrhundert, etwa in der Zeit als sich die Flügel der Windmühlen in Europa zu drehen be-

gannen, gibt es Berichte über Wasserräder zum Antrieb von Mahlmühlen und Sägewerken, von Fördereinrichtungen der Bergwerke, der Hämmer in Hammerwerken u. a. Im Erzgebirge, dessen Besiedlung mit der Entdeckung von Silbererzlagerstätten im 12. Jahrhundert begann, kann man mittelalterliche Hammerwerke noch heute besichtigen. Zu den bekanntesten gehört der Frohnauer Hammer bei Annaberg-Buchholz.

Wie bewegt beim Frohnauer Hammer das Wasser die Hämmer?

1. Das Wasser fließt von oben auf das Wasserrad und treibt das Hammerwerk an (Oberschlächtiges Wasserrad).
① Amboß
② Hammer mit Stiel
③ Hammergerüst
④ Welle
⑤ Nocken

2. Geschmiedet wird mit 3 Hämmern, zwei, vier und sechs Zentner schwer, die in einem massiven Holzgerüst gelagert sind.

3. Hinter dem Gerüst liegt eine Welle, die so dick ist, daß man sie mit den Armen nicht umfassen könnte und die mit dem Wasserrad verbunden ist. Diese Welle trägt Ringe mit Nocken, die auf den Stiel des Hammers drücken. Sie heben ihn hoch und lassen ihn, wenn der Nocken vorbei ist, auf den Amboß niederfallen.

4. Die Schlagfolge der Hämmer ist regulierbar, ermöglicht 40 bis 120 Anschläge in der Minute.

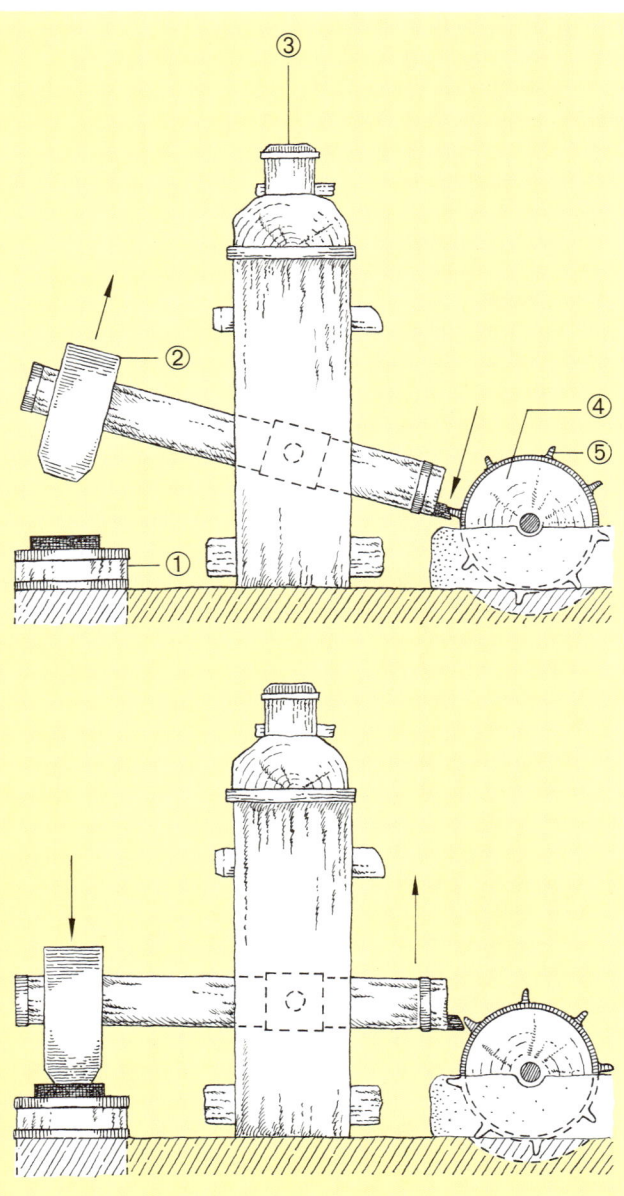

Modelle der Maschinentechnik
Rund um die Mühlen
78 | **Es klappert die Mühle ...**

Baue ein solches Hammerwerk, das durch ein Wasserrad angetrieben wird.
Erkunde selbst, wie du die Schlagfolge des Hammers regulieren kannst.

Dazu benötigst du:

Teil	Stück	Benennung	Werkstoff	Maße
9	1	Amboß	Styropor	
8	2	Achslagerplatte	Styropor	≈ 70 x 120
7	1	Achse	Schweißdraht	
6	1	Stielhammer	Korken	
			Kunststoffstreifen	≈ 250
5	1	Welle	Schweißdraht	
4		Wasserradlager	Trinkhalm	
3		Wasserrad	Korken	ø 30 x 30
			Kunststoffstreifen	≈ 25
2	1	Lagerplatte	Styropor	≈ 150 x 120
1	1	Bodenplatte	Styropor	≈ 150 x250

So kannst du vorgehen:

- ● Herstellen des Wasserrades
  - – Flaschenkorken einsägen
  - – Schaufelblätter zuschneiden, in den Korken einkleben
  - – Wasserrad auf die Welle aufbringen
  - – Wasserrad mit Welle in der Lagerplatte lagern, dazu den Trinkhalm als Lagerung einkleben
- ● Herstellen des Hammerwerkes
  - – Kunststoffstreifen zuschneiden
  - – Hammerkopf einsägen, am Stiel festkleben
  - – Stielhammer auf die Achse montieren, mit Korkscheiben sichern
- ● Montage
  - – Hammerwerk rechts und links in den Styroporplatten lagern, festkleben
  - – Welle des Wasserrades rechtwinklig abbiegen
  - – Amboß herstellen und festkleben

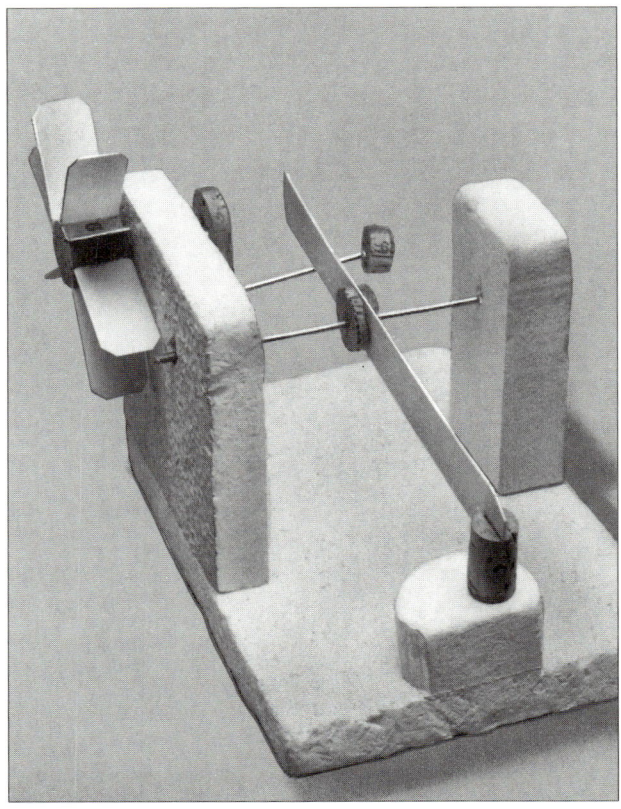

Rund um die Elektrizität

Um 600 v. Chr. entdeckte der griechische Philosoph Thales, daß beim Reiben von Wolle auf Bernstein, dieser leichte Körper wie Stroh und Federn anzog. Über 2 000 Jahre später, im Jahre 1600, nannte der Arzt der englischen Königin, William Gilbert, diese Kraft nach dem griechischen Wort „elektron" für Bernstein – Elektrizität.

Aber erst im 18. Jahrhundert untersuchten Wissenschaftler das Wesen der Elektrizität. Einer der Vorreiter auf diesem Gebiet war Benjamin Franklin. Im Jahre 1725 flog er unerschrocken unter Einsatz seines Lebens einen Drachen in ein Gewitter. Er wollte beweisen, daß der Blitz elektrisch ist. Dieses berühmte Experiment, das er zum Glück überlebte, führte ihn zur Erfindung des Blitzableiters.

Die Batterie

Am 21.November 1850 führte Alessandro Volta in einem Saal des Französischen Nationalinstituts in Paris zum ersten Mal seine elektrische Batterie vor. Volta entwickelte das galvanische Element, mit der Zeit auch Voltasche Säule genannt. Die Entwicklung läutete den Siegeszug der elektrischen Elemente ein und verdrängte die Vorherrschaft der einfachen Elektrisiermaschine. Das von Volta entwickelte galvanische Element hatte den Aufbau einer Säule. Auf einer hölzernen Scheibe befestigte er eine Kupfermünze, darauf ein rundes Stück Zinkblech und darüber eine Filzscheibe, die mit angesäuertem Wasser befeuchtet war. Dann kamen wieder eine Münze, ein Stück Zinkblech usw. An den Enden waren Drähte befestigt, zwischen denen die Elektrizität auftauchte. Das war eine Grundlage für die Untersuchung und Nutzung der „strömenden" Elektrizität.

Volta stellte fest:

Eine Spannungsquelle, die über längere Zeit einen Strom liefert, kann man aus zwei verschiedenen Metallplatten und einer Flüssigkeit herstellen (galvanisches Element).
Verwendet man Metallplatten aus Kupfer und Zink, so beträgt die Spannung etwa 1 Volt.

Volta wollte stärkere Spannungsquellen herstellen, deshalb stellte er mehrere Elemente nebeneinander und verband diese durch Leitungsdrähte. Auch heute werden diese Prinzipien bei der Gestaltung von Monozellen und bei der Herstellung von Flachbatterien genutzt.

In galvanischen Elementen – wie z.B. der Monozelle – wird auf chemischem Wege elektrischer Strom erzeugt. Die Erscheinung, daß zwischen verschiedenen Metallen in einer bestimmten Flüssigkeit bei geschlossenem Stromkreis elektrische Ströme auftreten, bezeichnet man als Galvanismus. Eine Batterie ist eine Zusammenschaltung mehrerer Elemente (Monozelle). Eine Monozelle kannst du mit einfachen Mitteln selbst bauen.

Dazu benötigst du:

- eine Zitrone oder einen Apfel
- ein Stück Kupferdraht
- einen Eisennagel
- zwei elektrische Leitungen (Klingeldraht)
- eine Glühlampe (3,8 V; 0,07 A)

So kannst du vorgehen:

- Verbinde die Enden von je einem Stück Klingeldraht mit dem Kupferdraht und mit dem Eisennagel.
- Verbinde die beiden anderen Enden des Drahtes mit der Glühlampe. Achte auf elektrisch leitende Verbindungen!
- Stecke den Eisennagel und den Kupferdraht in den Apfel oder die Zitrone. Was stellst du fest?

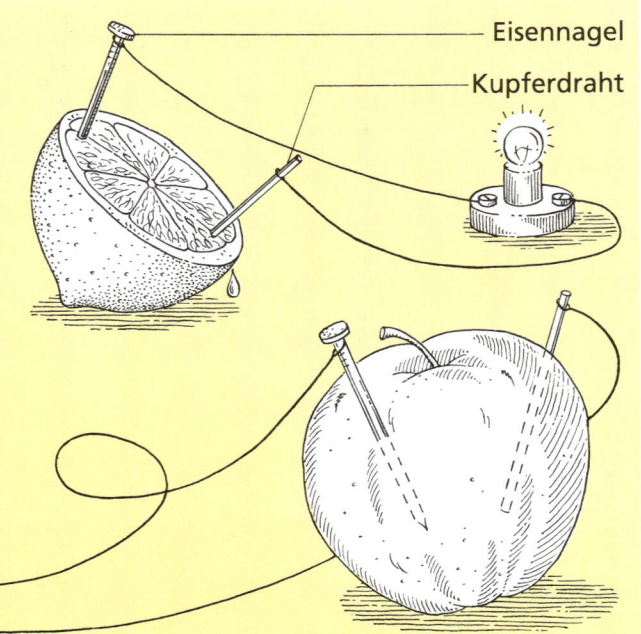

Eisennagel

Kupferdraht

Eine Lampe ohne Feuer

In früheren Zeiten bestimmte das verfügbare Tageslicht den Tagesablauf der Menschen. Bei Einbruch der Dunkelheit behalf man sich mit einfachen Lichtquellen. Alle Lichtquellen die man kannte, verzehrten einen Brennstoff: Wachs, Öl, Holz oder Leuchtgas. Niemand konnte sich vorstellen, daß man eine „Lampe ohne Feuer" erfinden könnte.

Besondere Verdienste bei der Erfindung des elektrischen Lichtes hat der Amerikaner Thomas Alva Edison – ein überaus vielseitiger Erfinder. Er lebte von 1847 bis 1931.

Allein von 1868 bis 1909 wurden ihm 900 Patente zugesprochen. Einmal wurde er gefragt, worin er eigentlich das Geheimnis seiner Erfolge sehe. Seine Antwort lautete sinngemäß, ein Erfinder benötige lediglich ein Prozent an Eingebung und Fantasie. Aber er müsse 99 Prozent Schweiß aufbringen.

Wieso leuchtet die Glühlampe?

Edison ging bei seinen Überlegungen von der Tatsache aus, daß ein elektrischer Strom, der in einem Leiter fließt, diesen dabei erwärmt. Bei ausreichend großer Stromstärke leuchtet ein dünner Draht glühend auf. In der Luft allerdings würde der Draht bald verbrennen. Deshalb entschloß sich der Erfinder, den Glühfaden in einer ausgepumpten Glasröhre unterzubringen, also in einem fast luftleeren Raum.

Nach dieser ersten technischen Lösung bereitete es größte Schwierigkeiten, geeignetes Material für den Glühfaden aufzuspüren. Zuerst wurden Versuche mit den verschiedensten Metallen unternommen.

Schließlich – nach mehr als einem Jahr – kam Edison auf den Einfall, einen Kohlefaden zu verwenden. Ein fester baumwollener Nähfaden, der verkohlt wurde, konnte als Glühfaden genutzt werden. „Noch vor Anbruch der Nacht", erzählt Edison, „war der Kohlefaden geschaffen und in den Glaskolben eingeführt. Das Glas wurde luftleer gepumpt und verschlossen, der Strom eingeschaltet, und unsere Augen erblickten den Glanz, den wir uns so lange gewünscht hatten."

Das war am 21. Oktober 1879. Nach 45 Stunden erlosch das Licht. Die Glühlampe war verbraucht.

Viele, viele Jahre und viele, viele Versuche dauerte es, bis brauchbare Glühlampen entwickelt werden konnten. Die Glaskolben wurden immer „luftleerer" gepumpt und immer bessere Materialien für Glühfäden wurden ausprobiert und entwickelt. Als Glühfäden kamen Kokosnußhaar und Bambusfasern zur Anwendung. Diese Materialien wendet heute niemand mehr zur Herstellung von Glühlampen an. Haardünne Drähte aus dem schwerschmelzbaren Metall Wolfram haben sie längst verdrängt. Das Grundprinzip blieb jedoch erhalten.

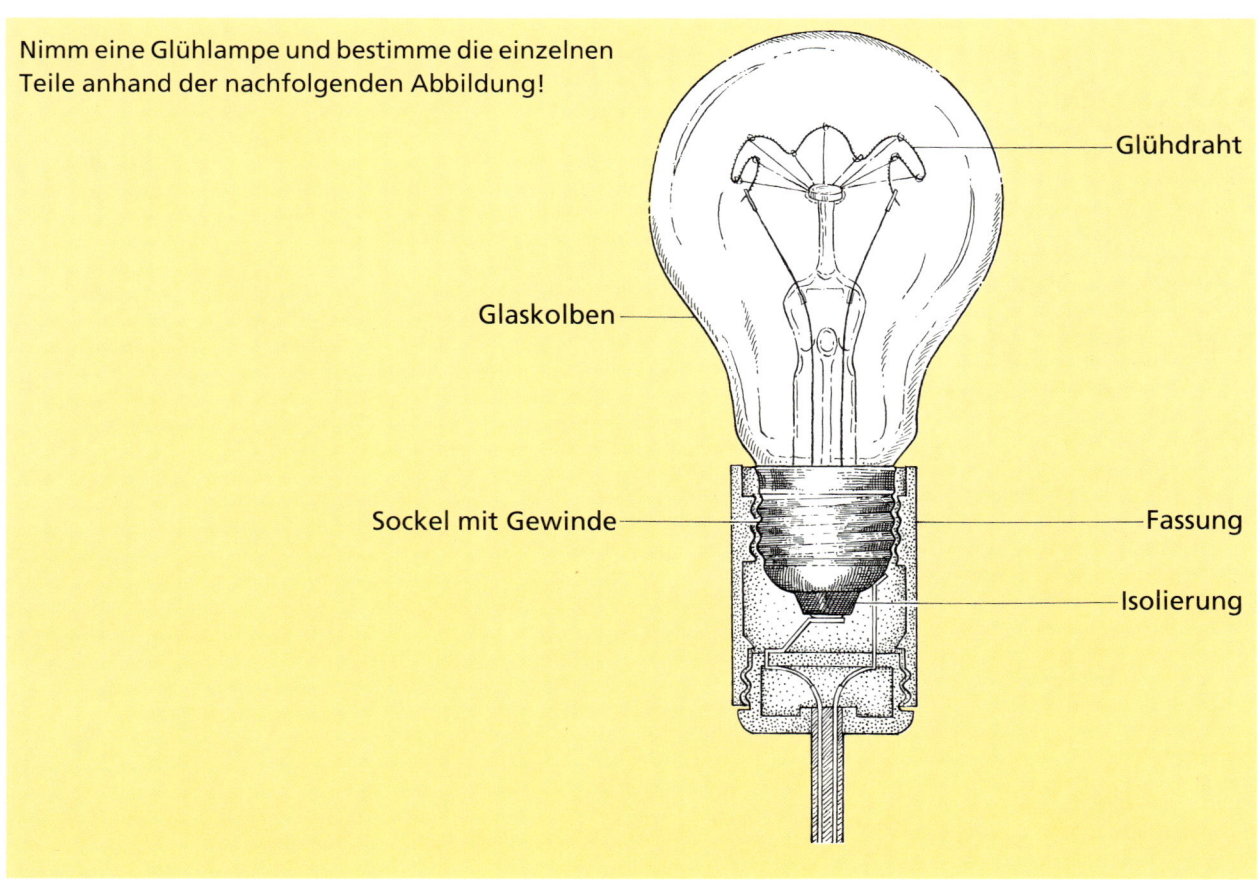

Nimm eine Glühlampe und bestimme die einzelnen Teile anhand der nachfolgenden Abbildung!

Glühdraht

Glaskolben

Sockel mit Gewinde

Fassung

Isolierung

Damit die Glühlampe leuchtet, muß sie durch elektrische Leitungen mit einer Spannungsquelle verbunden werden. Dazu gibt es verschiedene Möglichkeiten. Diese kannst du untersuchen.

Dazu benötigst du:

- mehrere Glühlampen
- mehrere Schalter
- elektrische Leitungen
- eine Spannungsquelle (Flachbatterie)

So kannst du vorgehen:

Achtung!
Beim Umgang mit elektrischem Strom müssen Schutz- und Sicherheitshinweise beachtet werden.
Elektrische Spannungen über 42 Volt sind lebensgefährlich.
Deshalb gilt:
– Keine Versuche mit Strom aus der Steckdose!
– Bastele niemals an elektrischen Geräten!
– Verwende nur unbeschädigte Geräte und Bauteile!
Wir arbeiten mit elektrischen Spannungen bis 24 Volt.

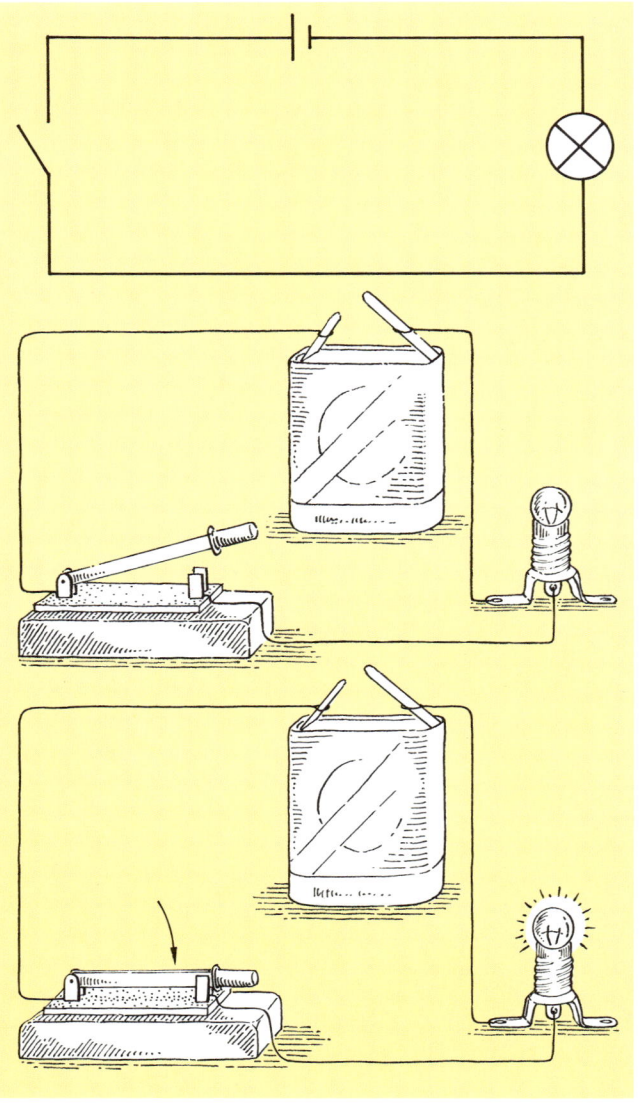

- Baue einen einfachen Stromkreis auf. Beginne am Pluspol der Spannungsquelle mit einem Kontakt des Schalters. Verbinde den anderen Pol des Schalters mit einem Pol der Glühlampe. Schließe den Stromkreis durch eine weitere Leitung zum Minuspol der Spannungsquelle. Achte auf elektrisch leitende Verbindungen.
  Die Glühlampe wandelt die in der Batterie gewonnene elektrische Energie in Licht um. In jeder elektrischen Anlage fließt nur dann Strom, wenn der Stromkreis geschlossen ist, d. h., wenn eine durchgehende leitende Verbindung besteht. Mit Hilfe des Schalters kann der Stromkreis unterbrochen oder geschlossen werden.
- Ermittle erst theoretisch und überprüfe deine Voraussagen dann mit Hilfe des Versuchsaufbaus bei welchen Schaltungen die Glühlampe leuchtet!
- In den seltensten Fällen befindet sich nur eine Glühlampe, eine Klingel usw. in dem Stromkreis. Denke nur an die elektrischen Geräte in eurem Haushalt! Auch hier sind mehrere „Verbraucher" im Stromkreis geschaltet. Hierfür gibt es prinzipiell zwei Möglichkeiten:
  – die Reihenschaltung und
  – die Parallelschaltung.

● Erweitere den einfachen Stromkreis durch die zweite Glühlampe entsprechend dem Schaltplan der Reihenschaltung. Beobachte die Lichtstärke der Lampen! Löse eine Glühlampe aus der Fassung! Was stellst du fest?

Schaltet man eine zweite Glühlampe in den einfachen Stromkreis in Reihe, so leuchten beide Glühlampen schwächer. Ist eine Lampe defekt oder aus der Fassung geschraubt, leuchtet die zweite Lampe auch nicht.

● Erweitere jetzt den einfachen Stromkreis durch eine zweite Glühlampe entsprechend dem Schaltplan der Parallelschaltung. Beobachte wieder die Lichtstärke! Löse eine Glühlampe aus der Fassung! Was stellst du fest?

Ergänzt man den einfachen Stromkreis durch eine zweite Glühlampe, die parallel zur ersten geschaltet wird, so ändert sich die Lichtstärke nicht. Die Leitungswege verzweigen sich. Durch die einzelnen Leitungswege und Glühlampen fließen getrennte Ströme. Die Ströme in den Stromzweigen sind gleich groß wie der Strom im Stromkreis mit nur einer Lampe. Ist bei parallel geschalteten Lampen eine Lampe defekt oder wird eine aus der Fassung geschraubt, so leuchtet die zweite Lampe weiter.

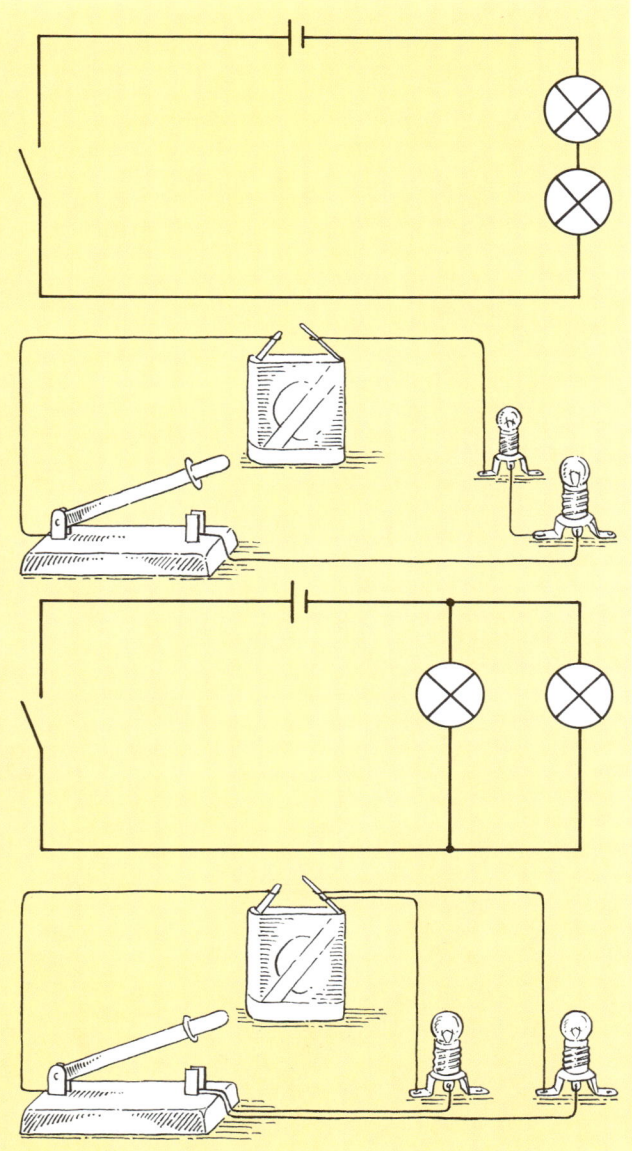

Erkunde die Anwendung der elektrischen Schaltungsarten im Haushalt!

Willst du Schaltpläne hinsichtlich der Anwendung von Parallel- und Reihenschaltung untersuchen, so kennzeichne Plus- und Minusleitung unterschiedlich farbig. Sind jeweils direkte Verbindungen zum Plus- und Minuspol sichtbar, so liegt eine Parallelschaltung vor. Bei der Reihenschaltung tritt eine Leitung oder mehrere Leitungen auf, die weder direkt mit dem Plus- als auch mit dem Minuspol verbunden ist.

Die Fahrradbeleuchtung

Radfahren erfordert schon am Tage das Beachten vielfältiger Sicherheitsmaßnahmen und Rücksichtnahme, um so mehr noch bei Nacht und Dunkelheit. Sehen und gesehen werden ist hier die Devise. Kaufen wir heute ein Fahrrad, so ist es mit einer Beleuchtungsanlage ausgerüstet. Das war um die Jahrhundertwende und danach nicht selbstverständlich. Polizeiverordnungen legten zwar schon früh – in Berlin 1827 – fest, daß zwei und vierrädrige Wagen bei Nacht angezündete Laternen führen müssen, welche Lampenart man jedoch verwendete blieb dem Fahrer und den finanziellen Möglichkeiten des Fahrzeugbesitzers überlassen.

Heute nutzen wir das elektrische Licht...

Fahrräder unterliegen zwar keiner Zulassungspflicht und keiner regelmäßigen technischen Überprüfung. Das bedeutet aber nicht, daß es für sie nicht auch Vorschriften gibt, die der Sicherheit des Nutzers dienen. Insbesondere die Beleuchtung ist oft ein kritisierter Schwachpunkt. Deshalb schreibt der Gesetzgeber für alle Fahrräder zusätzlich zu dem elektrisch betriebenen Scheinwerfer und dem Rücklicht einen weißen Reflektor vorn und einen roten Reflektor hinten vor. Außerdem müssen alle Fahrräder je zwei gelbe Speichenreflektoren am Vorder-und Hinterrad haben. Die Speichenreflektoren können durch weiße reflektierende Reifen ersetzt werden. Besser ist freilich beides. Je auffälliger, desto besser.

UM 1890

Wir untersuchen den Aufbau der Fahrradbeleuchtung.

Zur Fahrradbeleuchtung zählen folgende Bauteile:

1. Scheinwerfer ①

2. Elektrische Leitungen ②

3. Schlußleuchte ③

4. Dynamo ④

Funktionsweise:

Der Dynamo wandelt die mechanische Energie der Drehbewegung des Vorder- bzw. Hinterrades in elektrische Energie um. Bei geschlossenem Stromkreis kann der elektrische Strom über die elektrischen Leitungen zum Scheinwerfer und Rücklicht fließen. In den Lampen wird die elektrische Energie in Licht umgewandelt.

Bauen wir einen entsprechenden Stromkreis auf
und untersuchen ihn!

Dazu benötigst du:
- eine Flachbatterie
- zwei Glühlampen mit Fassung
- vier elektrische Leitungen (Klingeldraht)

So kannst du vorgehen:

- Den Dynamo ersetzen wir durch eine Flachbatterie. Anstelle des Scheinwerfers und der Schlußleuchte verwenden wir zur Vereinfachung zwei Glühlampen mit Fassung. Vier Stücken Klingeldraht nutzen wir als elektrische Leitungen.
- Jetzt verbinden wir die einzelnen Bauteile miteinander. Hierzu nutzen wir den Schaltplan. Ein elektrischer Schalter wird nicht benötigt!
- Vergleichen wir nun den Schaltplan mit der Leitungsführung an unserem Fahrrad! Was stellen wir fest?
- Bauen wir unsere Schaltung so auf, wie die Leitungen bei der Fahrradbeleuchtung verlaufen.
- Warum leuchten die Lampen nicht?
  Der Stromkreis ist nicht geschlossen! Beim Fahrrad wird der Stromkreis über die elektrisch leitenden Teile (Masse) geschlossen. Dadurch werden elektrische Leitungen eingespart und die Schaltung wird vereinfacht.

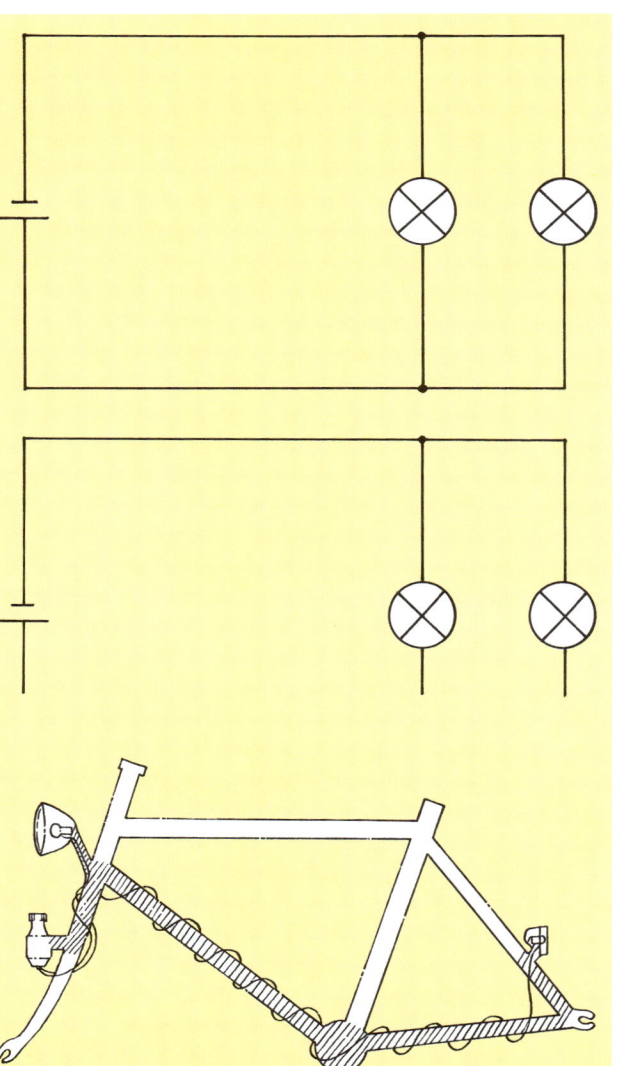

Das Prinzip der Masse als Leiter findet in der Technik
eine vielfältige Anwendung, z. B. bei der Straßen-
bahn.

Was man mit Strom noch alles machen kann

Es war an einem kalten Wintertag des Jahres 1819. Hans Christian Oersted (sprich: Örstet), Professor der Physik in Kopenhagen, wollte mit den Studenten bei seiner Physikvorlesung verschiedene Experimente mit der Voltaschen Säule zeigen. Auf dem Demonstrationstisch lag – rein zufällig – ein Schiffskompaß. Als Oersted den Stromkreis seiner elektrischen Schaltung unterbrach, wandte sich ein Student an ihn:„Herr Professor, warum schlägt die Kompaßnadel in dem Moment aus, wenn Sie den Stromkreis schließen oder unterbrechen?" „Das kann doch nicht sein" – so Oersted – „Sind Sie sicher?"
Diese zufällige Beobachtung des Studenten mußte überprüft werden...

Der Elektromagnet

Ihr habt sicher schon einmal gesehen wie Schrott verladen wird. Die vielen kleinen und großen Stahlplatten, Rohre, Stangen, und Drehspäne kann der Greifer eines Kranes nur schlecht fassen. Ein Kran mit Elektromagnet bewältigt diese Arbeit fast spielend.

Wir bauen einen Elektromagneten für einen Kran. Dieser besteht aus einer Spule und einem Eisenkern. Die Spule können wir uns mit einfachen Mitteln selbst bauen.

Dazu benötigst du:

- stabile Pappstücken (z. B. von einem Schuhkarton)
- isolierten Wicklungsdraht (z. B. ø 0,5 mm und etwa 5 m lang)
- zwei Flachbatterien
- einen Eisenkern(Stahlvierkant)
- eine Magnetnadel mit Halterung

So kannst du vorgehen:

- Zunächst bauen wir eine Spule, die aus dem Spulenkörper und einer Drahtwicklung besteht.
- Das quadratische Mittelstück des Spulenkörpers kleben wir aus starker Pappe zusammen. Erst dann werden die Seitenflächen festgeklebt.
- Über den Spulenkörper wird sorgfältig isolierter Draht gewickelt. Wir wickeln genau Lage für Lage.
- Die Spulenenden verbinden wir mit den Flachbatterien.
- Nähern wir uns dem Spulenende mit einer Magnetnadel, so wird sie zunächst schwach, bei größerer Annäherung ganz aus ihrer Nord-Süd-Richtung abgelenkt.
- Wir können die magnetische Wirkung der Spule noch verstärken, indem wir einen Eisenkern, der aus einem Vierkant besteht, in die Spule stecken.
- Wir halten unseren Elektromagneten über ein Gemisch von Eisenspänen und kleinen Stücken von Aluminiumdraht. Was stellst du fest?

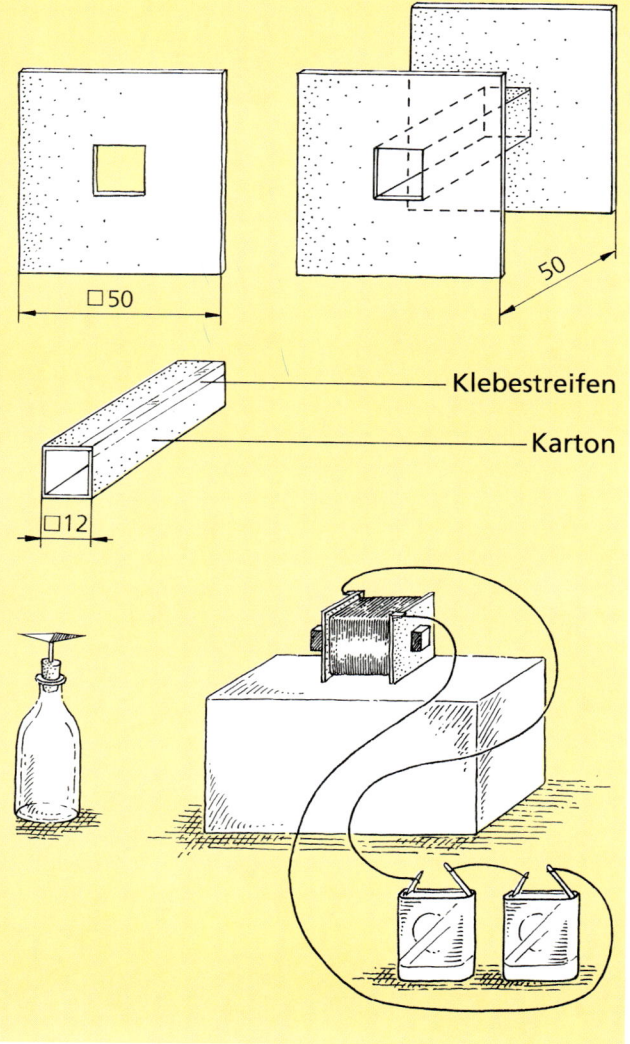

□50

50

Klebestreifen

Karton

□12

Der Elektromotor

Mit der Erfindung von Elektromotoren (Jacobi 1838; Tesla 1887; Dolivio-Dobrowolski 1889) war der Grundstein für die Entwicklung elektrischer Haushaltsgeräte gelegt. Man hatte eine Maschine erfunden, mit der elektrische Energie in mechanische Energie umgewandelt werden konnte. Der Elektromotor hat viele Vorteile. Er kann in beliebiger Größe und Leistungsstärke hergestellt werden. Sein geräuscharmer Lauf, die einfache Bedienung sowie das Fehlen von Abgasen sind wichtige Faktoren für die Nutzung des Elektromotors in Maschinen und Geräten des Haushalts.

Man kann die magnetischen Kräfte nutzen, um einen von Strom durchflossenen Draht zu bewegen. Dieses Prinzip wird im Elektromotor genutzt.

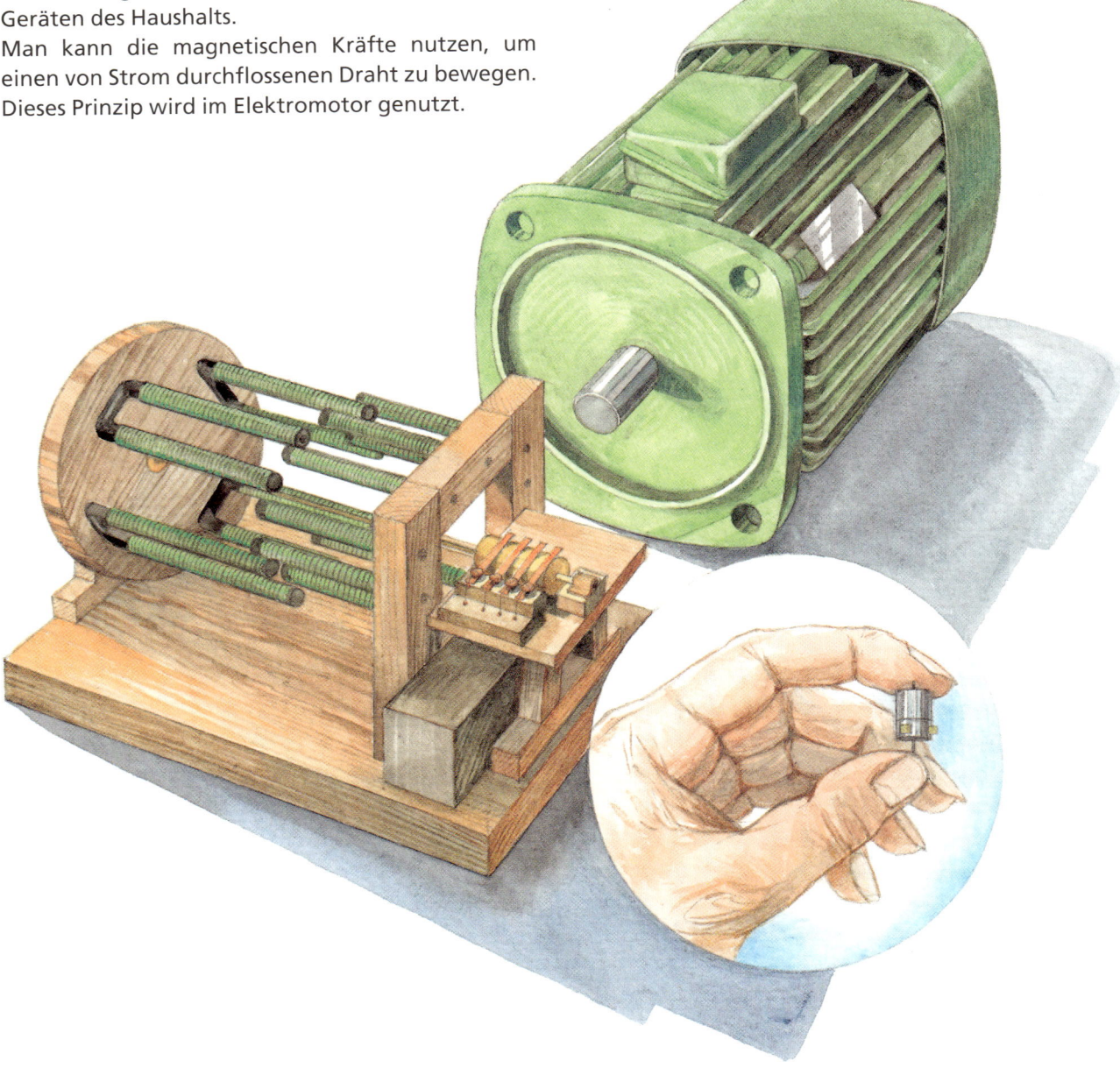

Wir wollen dieses Prinzip in einem einfachen Versuch veranschaulichen und nachweisen. Dafür entwickeln wir folgenden Versuchsaufbau.

Dazu benötigst du:

- einfachen dünnen, nicht isolierten Draht (z. B. ø 0,4 mm und 30 cm lang)
- einen Holz- oder Papprahmen
- zwei Flachbatterien
- einen Schalter und
- einen Hufeisenmagneten

So kannst du vorgehen:

- Draht wird auf einen Holz- oder Papprahmen gewickelt.
- Die zwei Flachbatterien werden dann untereinander so verbunden, daß die beiden kurzen und die beiden langen Enden zusammentreffen. Auf diese Weise erreichen wir eine Verdopplung der Stromstärke.
- Einen hufeisenförmigen Dauermagneten halten wir so, daß der Draht zwischen den beiden Polen verläuft. Er befindet sich somit in einem magnetischen Feld.
- Wir schließen über einen Schalter den elektrischen Stromkreis, somit wird der Draht von elektrischem Strom durchflossen.
  Was stellst du fest? Ändere die Polung!

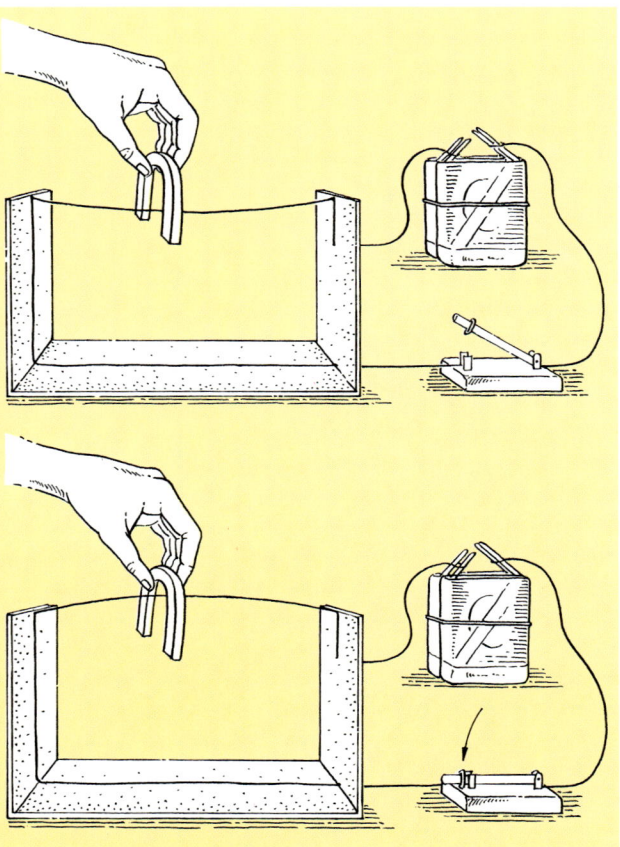

Jeder stromdurchflossene Leiter erfährt im Magnetfeld eine Kraftwirkung. Je nach Richtung des Stromes erfolgt die Änderung der Bewegungsrichtung. Die durch den Draht fließenden Elektronen werden rechtwinklig zu ihrer Bewegungsrichtung abgelenkt.

Diesen Versuch können wir noch eindrucksvoller wiederholen, wenn wir den Aufbau erweitern.

Dazu benötigst du:

- einen isolierten Kupferdraht
  (z. B. ø 0,4 mm und etwa 7 m lang)
- ein Gestell
- vier Nägel oder Metallstifte
- ein Brett
- zwei Stricknadeln
- elektrische Leitungen
- Krokodilklemmen oder Büroklammern
- einen Hufeisenmagneten und
- zwei Flachbatterien

So kannst du vorgehen:

- Aus dem etwa 0,4 mm starken isolierten Draht wickeln wir uns eine rechteckige Spule mit den Kantenlängen 75 und 50 mm. Hierzu bauen wir uns eine einfache Vorrichtung.
  Auf einem Brett werden vier Nägel eingeschlagen. Um die Nägel wickeln wir etwa 25 Windungen des Drahtes. Die Spulenenden sollen von den Wicklungen abstehen. Sie werden abisoliert und zu Haken gebogen. Bevor die Spule dann vom Brett abgenommen wird, binden wir die Drähte an den Ecken mit Garn oder Angelsehne zusammen.

- Wir bauen das abgebildete Gestell und hängen die Spule auf.
- Ein Hufeisenmagnet wird nach der Abbildung in den Versuchsaufbau eingeordnet.
  Was stellst du fest, wenn der Stromkreis geschlossen wird? Ändere die Polung!

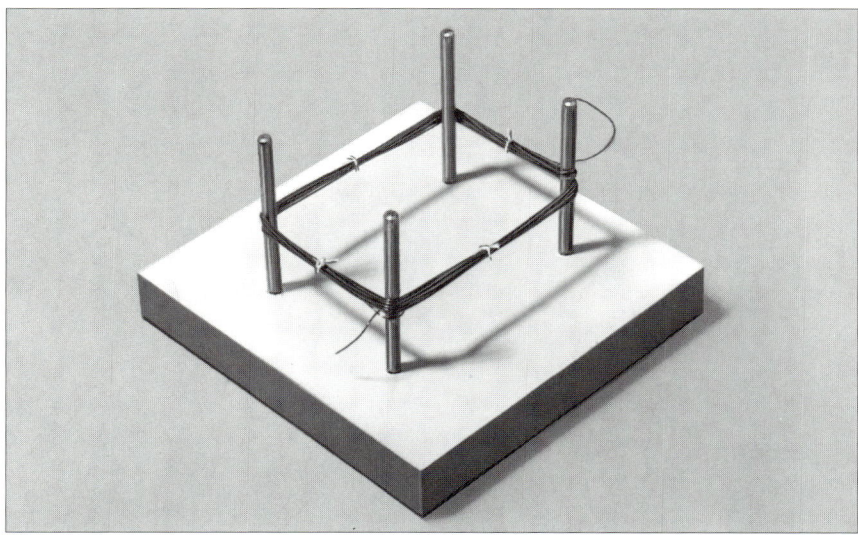

Die stromdurchflossene Spule erzeugt ein Magnetfeld. Infolgedessen bilden sich an der Spule Magnet-
pole. Auch der Hufeisenmagnet besitzt ein Magnetfeld und Pole. Durch die gegenseitige Beeinflussung
der Magnetfelder entsteht die Hin- und Herbewe-
gung der Spule in unserem Modellaufbau.
Im Grunde ähnlich, jedoch weit komplizierter, ist der
Aufbau eines Elektromotors.

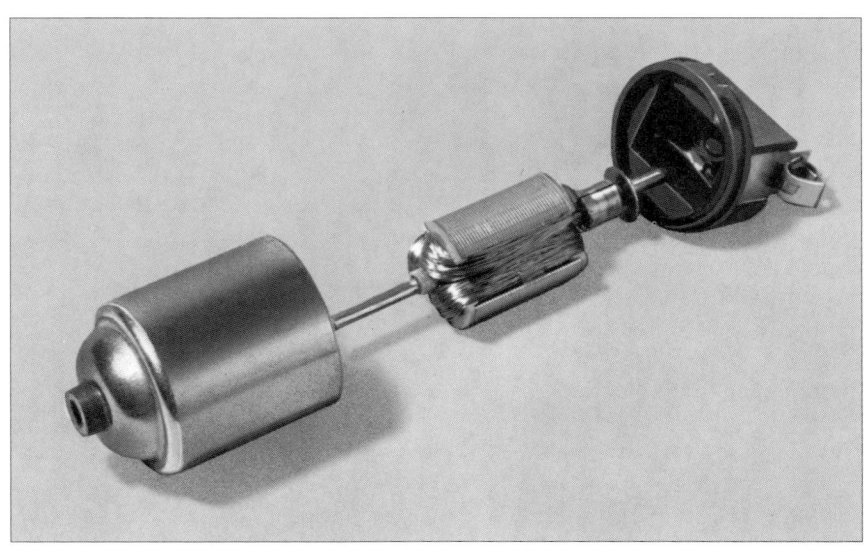

Das Glücksrad

Im voranstehenden Abschnitt haben wir erfahren, daß in Elektromotoren Elektromagneten genutzt werden, um Energie umzuwandeln. Der Elektromotor kann elektrische Energie in Bewegung umwandeln. Auf Knopfdruck fahren Aufzüge, bewegt sich das Tonband in unserem Walkman oder dreht sich der Bohrer in der elektrischen Bohrmaschine mit mehreren tausend Umdrehungen.

Wir wollen mit Hilfe eines kleinen Elektromotors ein einfaches Spiel bauen und es natürlich auch ausprobieren.

Dazu benötigst du:

- einen Elektromotor
- eine Flachbatterie
- Schalter und elektrische Leitungen sowie
- eine Pappscheibe mit Zahlen oder Buchstaben

So kannst du vorgehen:

- Fertige eine Pappscheibe entsprechend der Abbildung an.
- Bringe in die Mitte ein Loch ein, das so groß ist wie der Durchmesser der Welle des Elektromotors. Befestige die Scheibe fest auf der Motorwelle!
- Befestige den Motor auf einem Gehäuse so, daß sich die Scheibe bei Anschluß des Motors an die Spannungsquelle ungehindert drehen kann.
- Konstruiere mit Hilfe von Bauteilen eine Anzeigevorrichtung, die bei Stillstand der Scheibe auf einen bestimmten Buchstaben (Zahl) weist! Es gibt viele Möglichkeiten.
- Schließe den Motor an die Spannungsquelle an und baue zur Unterbrechung des Stromflusses einen Schalter ein!
  Skizziere den Schaltplan!

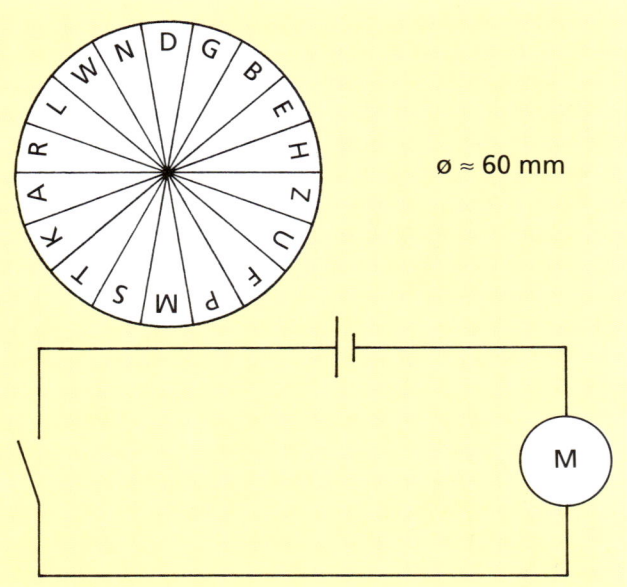

ø ≈ 60 mm

Nun kann das Spiel beginnen. Das Spiel kannst du allein, zu zweit oder auch in der Gruppe spielen.
Folgende Spielregeln könnten vereinbart werden: Eine vorher abgesprochene Anzahl von Buchstaben oder Zahlen wird mit dem „Ziehungsgerät" ermittelt und aufgeschrieben.
Nun gibt es verschiedene Spielvarianten:

- Jede Zahl entspricht einem bestimmten Buchstaben. Aus den Buchstaben werden Wörter gebildet.
- Wer z. B. die meisten Wörter in einer vereinbarten Zeit gefunden hat, ist Sieger.

Viel Spaß!

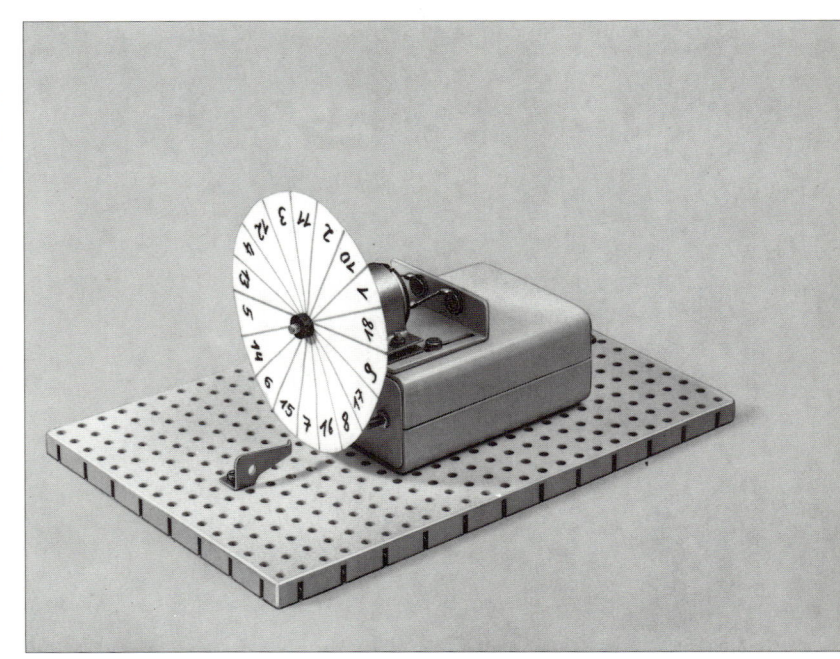

Der Staubsauger

Der englische Techniker H.C. Booth baute den ersten elektrisch angetriebenen Staubsauger der Welt im Jahre 1901.

Der Booth Original-Staubsauger wurde von zwei Pferden gezogen. Er fuhr von Haus zu Haus und konnte gleichzeitig vier Wohnungen bedienen. Durch die langen Saugschläuche (etwa 250 m) wurde der Staub aus den Wohnungen gesaugt. Es konnten sich nur besonders reiche Leute den Luxus leisten, zur Reinigung ihrer Teppiche den Booths Staubsauger zu bestellen. Als besonders schick galt es, während des Staubsaugens eine Teeparty zu geben. Heute gibt es Staubsauger unterschiedlichster Art und in vielen Größen.

Wir setzen mit einem Ventilator Luft in Bewegung.

Dazu benötigst du:
- einen Spielzeugmotor
- eine Flachbatterie
- zwei elektrische Leitungen und
- ein Flügelrad aus Kunststoff

So kannst du vorgehen:

- Zeichne auf ein Stück Kunststoff (etwa 1 mm dick) einen Kreis mit einem Durchmesser von 80 mm und vom gleichen Mittelpunkt einen Kreis mit einem Durchmesser von 20 mm.
- Unterteile die Kreisfläche in acht gleiche Teile.
- Nachdem du den Kreis ausgeschnitten hast, schneide auf allen gekennzeichneten Linien bis zum kleinen Kreis ein.
- Bringe im Mittelpunkt ein Loch ein, das dem Durchmesser der Welle des Spielzeugmotors entspricht.
- Durch vorsichtiges Erwärmen am Ende der Einschnitte kannst du die Flügel gleichmäßig etwas verdrehen.
- Befestige das Flügelrad auf der Welle des Motors. Zum besseren Halt kannst du auf der Welle vor oder hinter dem Flügelrad ein Stück Radiergummi anbringen.
- Schließe den Motor an die Spannungsquelle!
- Halte ein Stück Papier vor das Flügelrad!
  Was stellst du fest ?
- Vertausche nun die Anschlüsse!
  Welche Veränderungen kannst du feststellen?

Entsprechend der Drehrichtung des Motors wird durch das Flügelrad die Luft angesaugt oder weggeblasen.

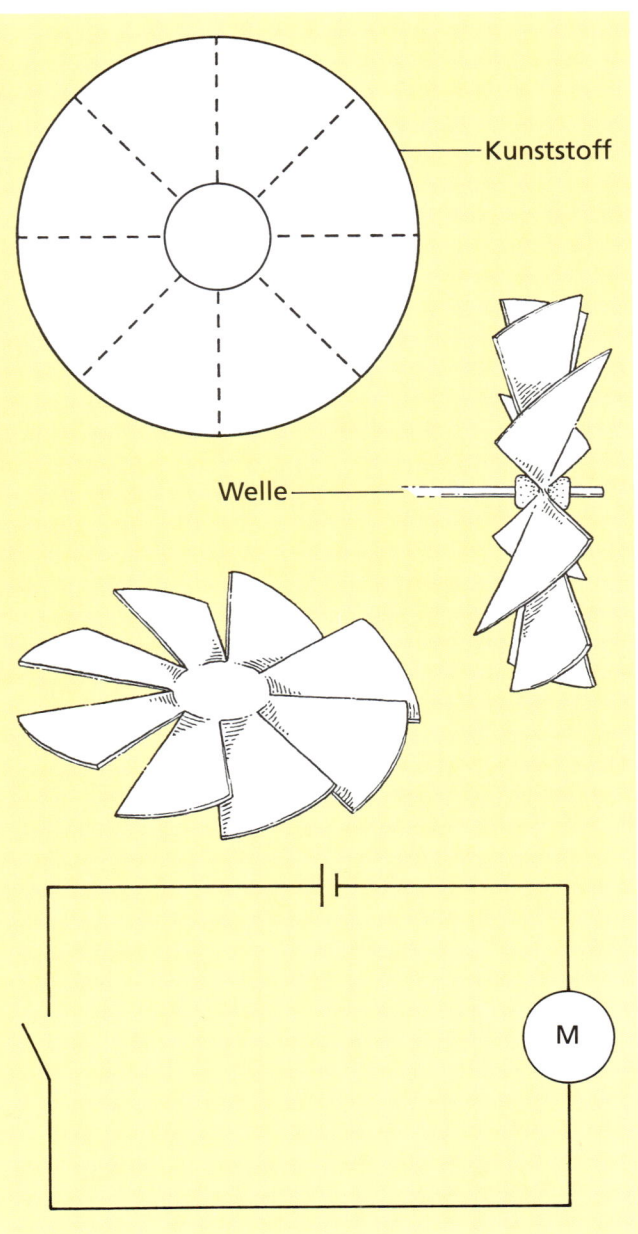

Kunststoff

Welle

Wir bauen das Modell eines Staubsaugers.

Dazu benötigst du:

- den Elektromotor mit dem Flügelrad aus dem Versuch
- eine Kunststoffflasche (2 Liter)
- zwei Kunststoffstreifen (25 bis 30 mm breit, maximal 1 mm dick und mit einer Länge entsprechend dem Umfang der Flasche)

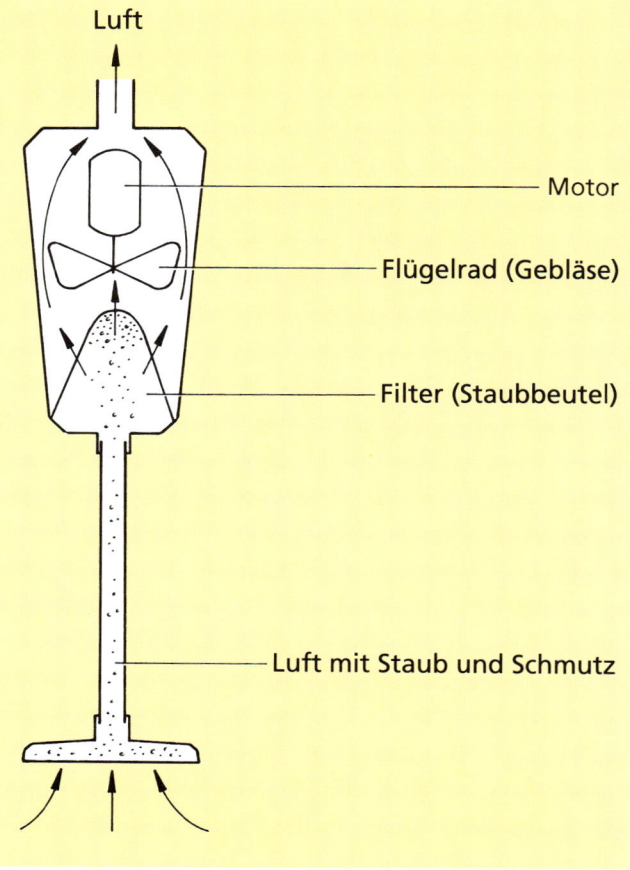

Luft

Motor

Flügelrad (Gebläse)

Filter (Staubbeutel)

Luft mit Staub und Schmutz

So kannst du vorgehen:

- Zerteile die Kunststoffflasche in der Mitte.
- Befestige den Motor auf einem der beiden Kunststoffstreifen
  (z. B. Kleben).
- Biege nun den Streifen so, daß er im vorderen Teil der Flasche befestigt werden kann. Beachte dabei, daß das Flügelrad nicht die Flaschenwand berührt!
- Für das Herausführen der Leitungen mußt du die hintere Flaschenhälfte mit einer Kerbe oder Nut versehen.
- Klebe den zweiten Kunststoffstreifen in die hintere Flaschenhälfte und schiebe die vordere Flaschenhälfte ebenfalls darauf.
- Bringe in den Boden der Flasche viele Löcher ein, damit die angesaugte Luft entweichen kann.
- Fuktionsprobe!
  Schließe die beiden herausgeführten Leitungen an die Flachbatterie an und du kannst z. B. Papierschnipsel aufsaugen.
- Vertauschst du nun die Anschlüsse an der Batterie, funktioniert das Modell wie ein Fön.

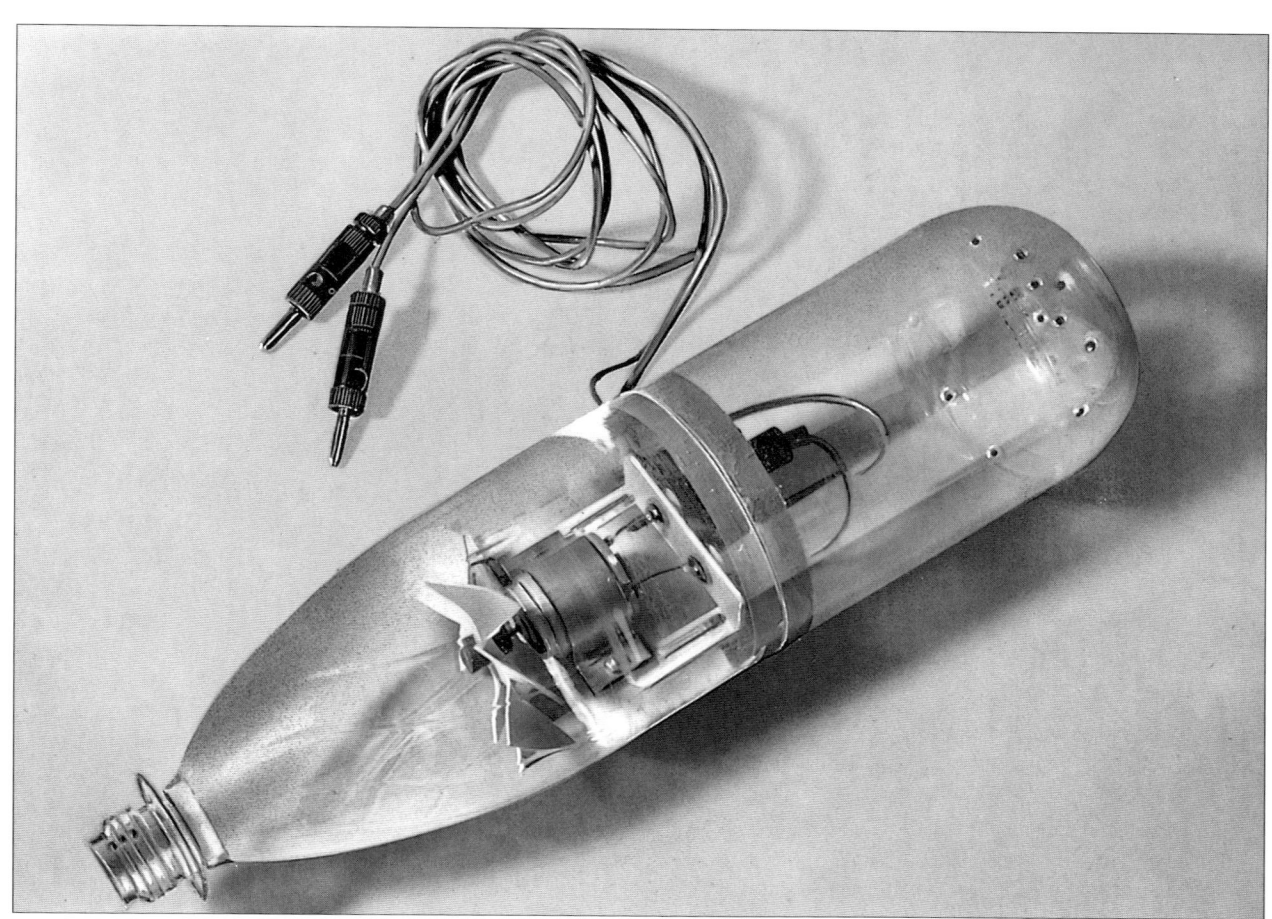

Die Klingelanlage

Vielfach haben wir es erlebt: Wir drücken den Klingelknopf (Druckschalter) und erzeugen einen anhaltenden „Klingelton". Der Klingelton entsteht dadurch, daß der Klöppel an die Glocke schlägt. Der Klöppel wird aufgrund des Elektromagnetismus bewegt. Wieso kehrt der Klöppel jedoch in seine Ausgangslage zurück, auch wenn wir den Stromkreis nicht dauernd unterbrechen?

Die Klingel funktioniert nach dem Prinzip der selbständigen Stromkreisunterbrechung.

Dieses Prinzip hat vor 100 Jahren der Mainzer Mechaniker Wagner entwickelt. Das Geniale an dieser Anordnung, die nach dem Erfinder „Wagnerscher Hammer" genannt wird, ist die „Anker-Klöppel-Unterbrechungskontakteinheit".

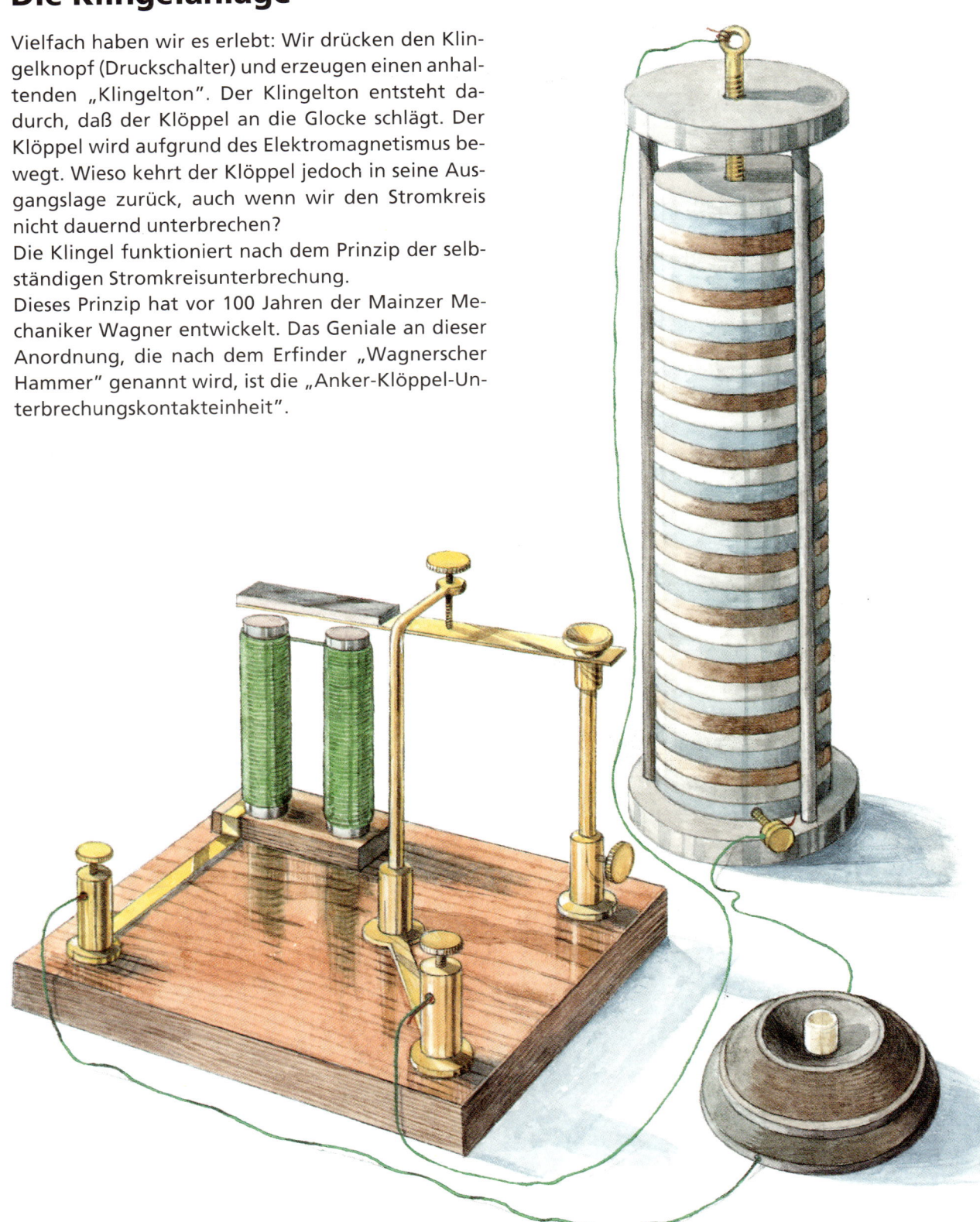

Wir untersuchen die Klingelanlage.

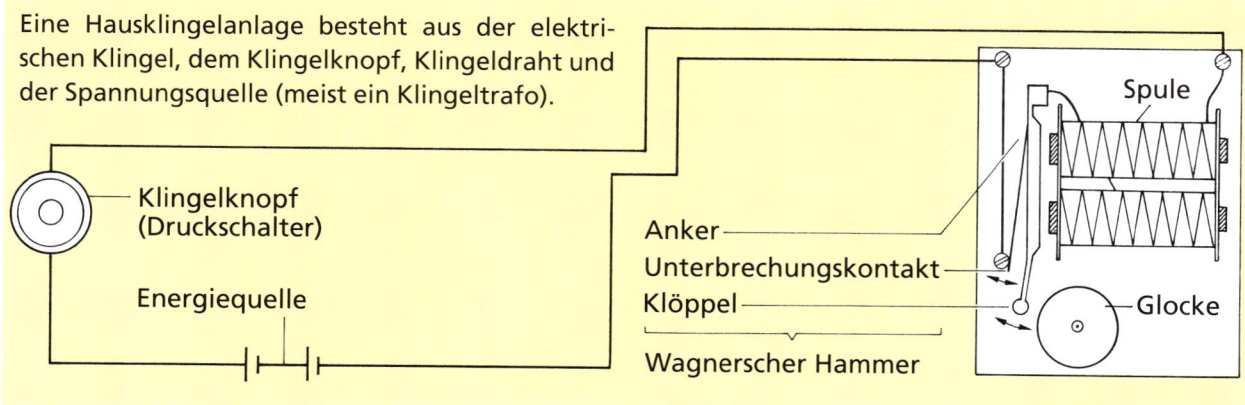

Eine Hausklingelanlage besteht aus der elektrischen Klingel, dem Klingelknopf, Klingeldraht und der Spannungsquelle (meist ein Klingeltrafo).

Klingelknopf
(Druckschalter)

Energiequelle

Spule

Anker

Unterbrechungskontakt

Klöppel

Glocke

Wagnerscher Hammer

Wie funktioniert eigentlich die Klingel?

Der Strom fließt wie folgt:

Vom Pluspol der Spannungsquelle —> Spule —> Schraube (Sch) —> Plättchen (B) und damit in das Stahlband (S) —> vom Drehpunkt (A) über den Schalter —> Minuspol der Spannungsquelle
Sobald der Strom fließt, wird die Spule zum Elektromagneten und zieht das Weicheisenstück (W) an. Damit wird das Stahlband (S) in Richtung Spule gezogen. Es entfernt sich von der Spitze der Schraube (Sch). Folglich kann der Strom nicht mehr fließen! Es bildet sich ein Abreißfunke. Deshalb

wird ein spezielles Plättchen auf das Stahlband aufgesetzt, damit es nicht verbrennt. Ist der Stromkreis unterbrochen, verliert die Spule ihre magnetische Wirkung. Somit wird (W) nicht mehr angezogen. Das elastische Stahlband schwingt in seine normale Stellung zurück. Da berührt es die Schraube und der Strom kann wieder fließen. Es ergibt sich ein ständiges Hin- und Herschwingen des Stahlbandes. Wird das Stahlband verlängert und mit einem kleinen Klöppel an seinem Ende versehen, der an eine Glocke schlägt, ist die Klingel fertig.

Str

W   B

S   A

Sch

Schalter

Wir bauen eine Klingelanlage als Modell!

Dazu benötigst du:
- eine Streichholzschachtel
- sieben Reißzwecken
- drei (vier) Büroklammern aus Metall
- eine Metallschiene aus dem Schnellhefter

- Klingel- und Wicklungsdraht
- eine Holzschraube
- eine 9V-Batterie oder zwei Flachbatterien
- eine Holzplatte

So kannst du vorgehen:

- Stelle den „Elektromagneten" her! Hierzu wird der Wicklungsdraht um die Holzschraube gewickelt. Benötigt werden etwa 500 Windungen.
- Befestige den „Elektromagneten", die Streichholzschachtel und die Batterie lagegerecht auf dem Holzbrett. Dazu können Klebeband und Reißzwecken benutzt werden.
- Stelle den Klingelknopf als einfachen Schalter aus zwei Büroklammern her. Dabei ist darauf zu achten, daß beide Büroklammern erst beim Drücken Kontakt haben. Die Büroklammern werden mit Reißzwecken auf der Holzplatte befestigt.
- Der „Wagnersche Hammer" in dem Modell besteht aus der Metallschiene eines Schnellhefters und einer gebogenen Büroklammer.
  Die Streichholzschachtel, die bereits auf der Holzplatte befestigt ist, dient als Halter für die Metallschiene. Die Metallschiene muß die als Gegenkontakt verwendete Büroklammer direkt berühren.
- Verbinde die einzelnen Bauteile des elektrischen Stromkreises mit Klingeldraht.
  - Stelle die Leitungsverbindung vom Pluspol zu einem Spulenende des Elektromagneten her. Das andere Spulenende wird mit der gebogenen Büroklammer verbunden (Lackschicht an der Kontaktstelle entfernen).
  - Das in die Streichholzschachtel reichende Ende der Büroklammer (ebenfalls Lackschicht entfernen!) wird mit Klingeldraht elektrisch leitend mit dem „Klingelknopf" verbunden.
  - Die andere Büroklammer des Klingelknopfes wird mit dem Minuspol der Spannungsquelle verbunden.
- Funktionsprobe! Dabei ist der optimale Abstand zwischen der mit Draht umwickelten Schraube und der Metallschiene durch Hin- und Herschieben des „Elektromagneten" zu ermitteln. Der optimale Abstand beträgt etwa 1 bis 2 mm.

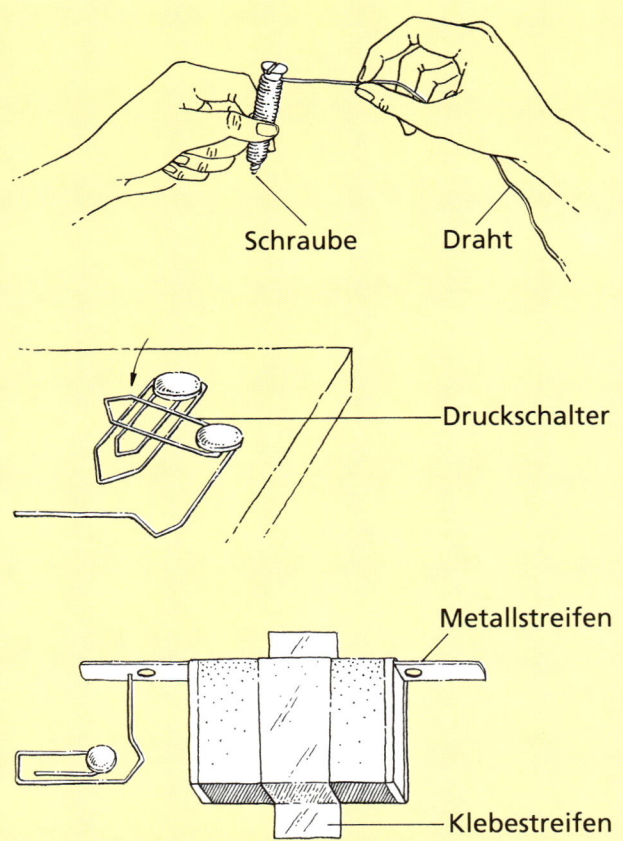

Schraube   Draht

Druckschalter

Metallstreifen

Klebestreifen

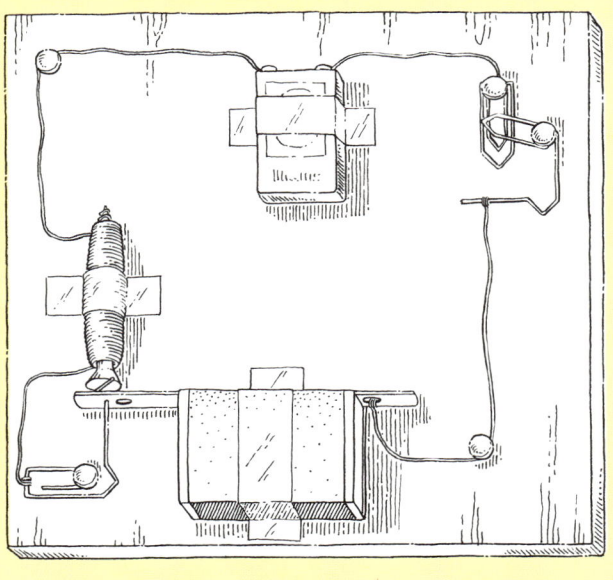

Vom Rauchzeichen zum Telefon

Das Übermitteln von Nachrichten spielt im täglichen Leben eine große Rolle. Ob Telefon, Fernsehen, Radio, Zeitung oder Computer, ohne diese Mittel wäre unser Leben nicht mehr vorstellbar.

Wie aber verständigten sich die Menschen früher?

Die Arten der Nachrichtenübertragung waren vielfältig. Indianer verständigten sich durch Rauchzeichen und Handzeichen. In waldreichen, schwer zugänglichen Gebieten in Afrika entwickelte sich die Trommeltelegrafie. In China wurden Nachrichten mit einem großem Gong übertragen. Die alten Griechen und Römer verwendeten Feuersignale.

Um heute Nachrichten sehr schnell zu übertragen, nutzt man u. a. Wirkungen des elektrischen Stromes.

Das Büchsentelefon

Wie so viele Erfindungen, ist auch das Telefon nicht das Werk eines einzelnen. 1837 entdeckte der Amerikaner C. G. Page, daß ein Eisenstab, der in raschem Wechsel magnetisiert und entmagnetisiert wird, Summtöne erzeugt. Dem deutschen Lehrer Philipp Reis gelang als erstem die Umwandlung von Schall in elektrische Schwingungen und wieder zurück in Schall. Ihm gebührt das große Verdienst, erstmals Worte durch Drähte übertragen zu haben. Er prägte den Begriff „Telefon", das übersetzt Fernhörer bedeutet. Seine erste Telefonapparatur stellte Reis 1861 vor.

Thomas Alva Edison entwickelte dieses Prinzip der Nachrichtenübertragung weiter und schuf die Grundform des heutigen Telefons. Er erfand das Kohlemikrofon und den elektromagnetischen Hörer.

Mit einfachen Mitteln kannst du ein Telefon selbst bauen.

Dazu benötigst du:

- zwei saubere Blechdosen (etwa 700 ml) ohne Deckel
  (Vorsicht: Die Ränder können scharf sein! Mit einer Feile oder mit Sandpapier kannst du die Ränder „entschärfen")
- einen langen, festen Bindfaden (etwa 20 m)
- zwei Stück Pergamentpapier (ø Dosenboden)

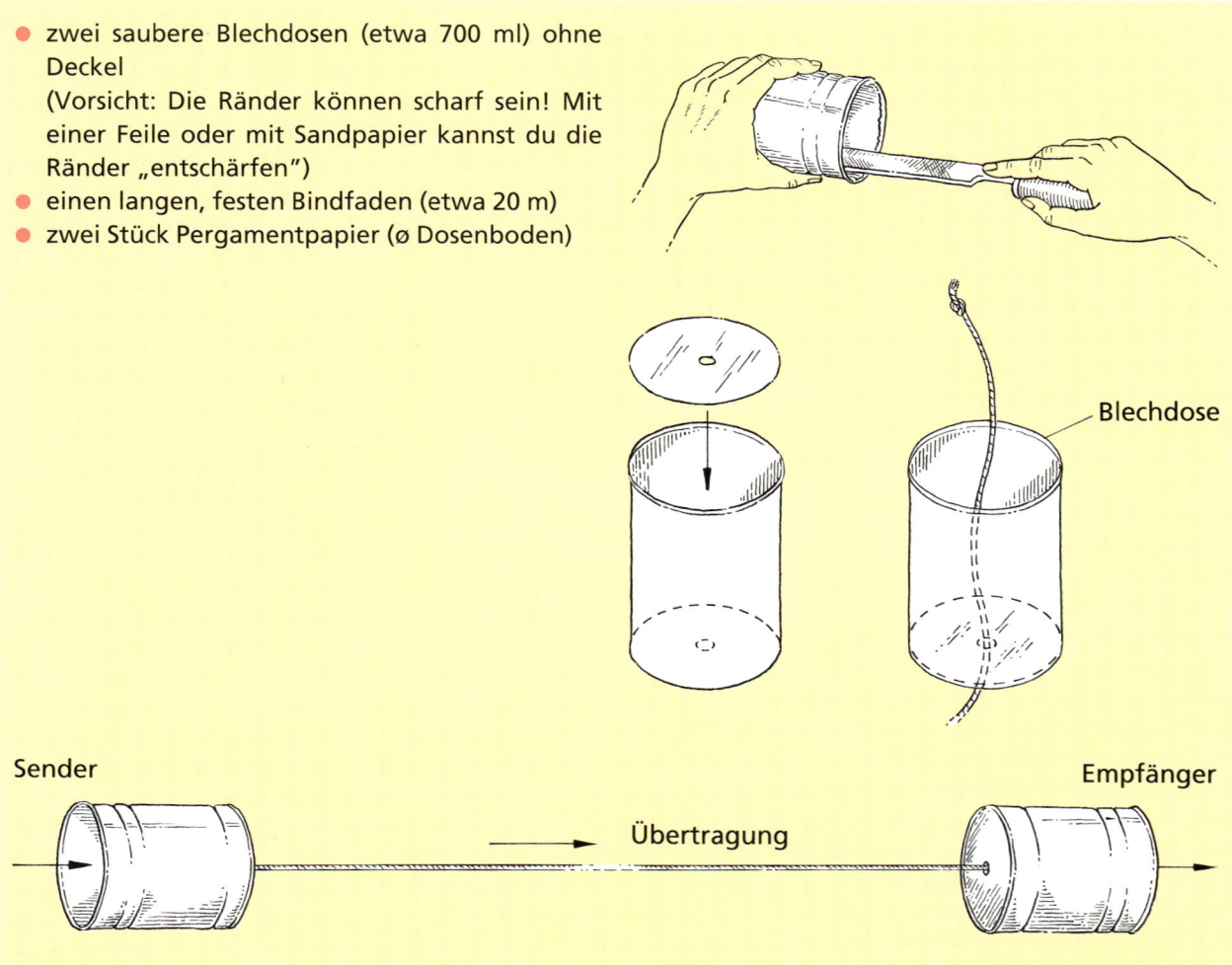

Blechdose

Sender

Übertragung

Empfänger

So kannst du vorgehen:

- Zuerst wird in der Mitte des Dosenbodens ein Loch eingebracht.
- Die runden, ebenfalls mit einem Loch in der Mitte versehenen Pergamentpapierstücke werden in die Dosen gelegt.
- Nun werden die Enden des Bindfadens durch die beiden Löcher gesteckt.
  Diese werden mit einem dicken Knoten versehen, so daß sie nicht durch die Löcher herausrutschen können.

Zum Telefonieren gehören immer zwei. Einer der zuhört und einer der spricht. Aber bitte nicht gleichzeitig. Verabredet am besten konkrete Zeichen, damit klar ist, wer der Sprecher und wer der Zuhörer ist. Bei diesem Telefon wird die Information durch mechanische Schwingungen übertragen. Deshalb muß der Bindfaden straff gespannt sein und darf keine anderen Gegenstände berühren. Das Telefon funktioniert also nur in der Geraden. Um die Ecke kannst du nicht „telefonieren".

Die Morseanlage

Im Jahre 1820 entdeckte Hans Christian Oersted den Elektromagnetismus. Nun lag der Gedanke nahe, die magnetische Wirkung des elektrischen Stromes für die Telegrafie zu nutzen.

Die Grundidee erscheint einfach: Ein Elektromagnet liegt mit einem Schalter und einer Spannungsquelle in einem Stromkreis. Der Schalter dient als Zeichengeber, der Elektromagnet als Zeichenempfänger. Mit Hilfe des Schalters öffnet und schließt man den Stromkreis. Bei geschlossenem Kreis fließt Strom durch die Drahtwicklungen des Elektromagneten und baut ein Magnetfeld auf. Wird der Stromkreis unterbrochen, bricht das Magnetfeld zusammen. Auf diese Weise könnte man über große Entfernungen hinweg Magnetnadeln, Lichtzeiger oder Hebel in bestimmter Weise bewegen, also verabredete Zeichen übermitteln. Der nordamerikanische Maler Samuel Morse entwickelte 1837 den nach ihm benannten Morseapparat. Der Zeichengeber war die sogenannte Morsetaste, ein Schalter, der beim Niederdrücken den Stromkreis schloß. Als Empfänger diente ein Schreibapparat, dessen Elektromagnet bei geschlossenem Stromkreis einen Schreibstift gegen einen vorbeilaufenden Papierstreifen drückte. So konnte man lange und kurze Striche zeichnen. Allerdings mußte man, um mit diesem Telegrafen Buchstaben, Zahlen und Satzzeichen zu übermitteln, ein aus Punkten und Strichen bestehendes Buchstabensystem entwickeln, das noch heute gebräuchliche Morsealphabet.

Versuche selbst eine Information zu morsen.

Dazu benötigst du:

- einen Tastschalter
- eine Glühlampe
- eine Flachbatterie
- einen Elektromagneten mit beweglichem Eisenkern
- elektrische Leitungen
- einen Filzstift und
- eine Papierrolle

So kannst du vorgehen:

- Stelle zunächst den Tastschalter, elektrische Leitungen, eine Glühlampe und eine Flachbatterie bereit.
- Richte zwei Arbeitsplätze ein, den des Senders und den des Empfängers. In einem Stromkreis werden ein Tastschalter und eine Glühlampe zusammen geschaltet. Den Tastschalter erhält der „Sender", die Glühlampe der „Empfänger".
- Der Sender überstellt dem Empfänger auf der Grundlage des Morsealphabets eine Nachricht, z. B. seinen Namen.
- Nun wollen wir eine „geheime" Nachricht übermitteln. Die Lampe leuchtet und kann von vielen gesehen werden. Ersetze die Glühlampe beim Empfänger durch einen Elektromagneten mit beweglichem Eisenkern. Übermittle eine andere Nachricht. Das Auf und Ab des Eisenkerns macht die Information deutlich. Betätige den Schalter langsam, du erleichterst dadurch dem Empfänger das Entschlüsseln der Information.

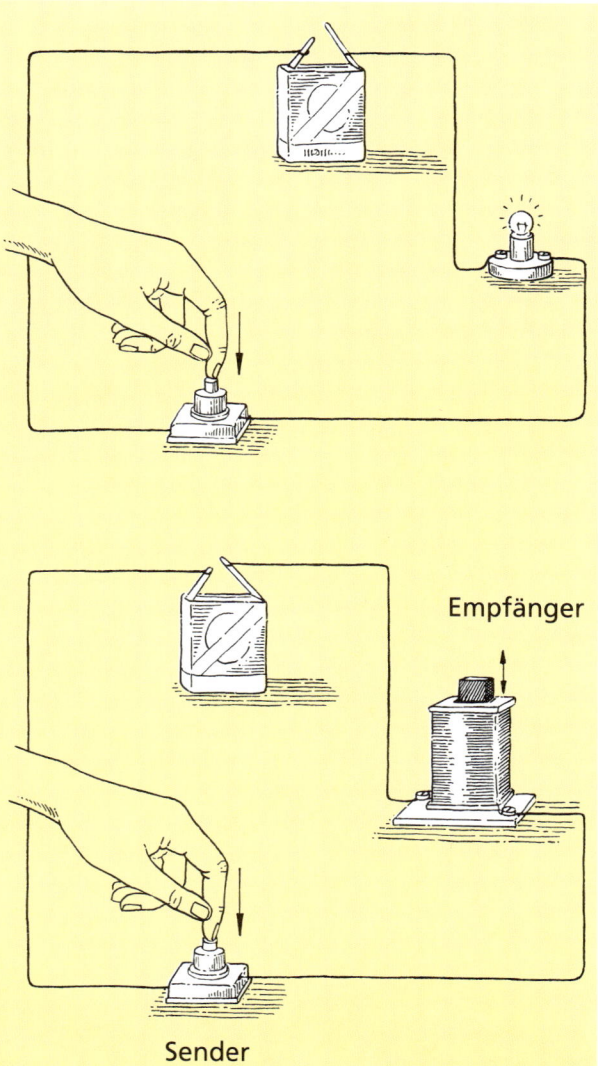

Empfänger

Sender

● Die ständige Konzentration auf die Bewegung des Eisenkerns ist anstrengend, deshalb wollen wir die Nachricht schriftlich festhalten.
Ergänzt den Apparat durch einen Filzstift und bewegt beim Morsen ein Stück Papier, so daß der Stift kurze und lange Linien zeichnet.

● Die langsame, gleichmäßige Bewegung des Papiers bereitet nach wie vor Mühe. Wir wollen eine weitere Verbesserung vornehmen und ergänzen den Aufbau durch einen elektrischen Antrieb.
Orientiere dich beim Aufbau an dem Schaltplan und dem Modellfoto.

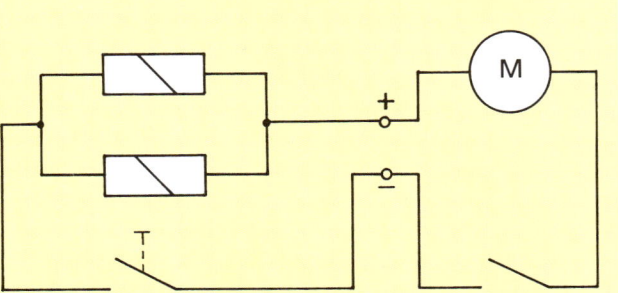

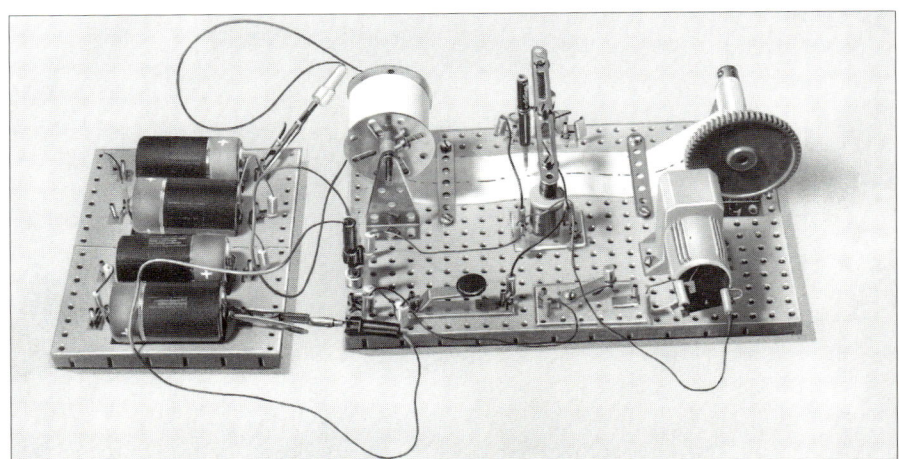

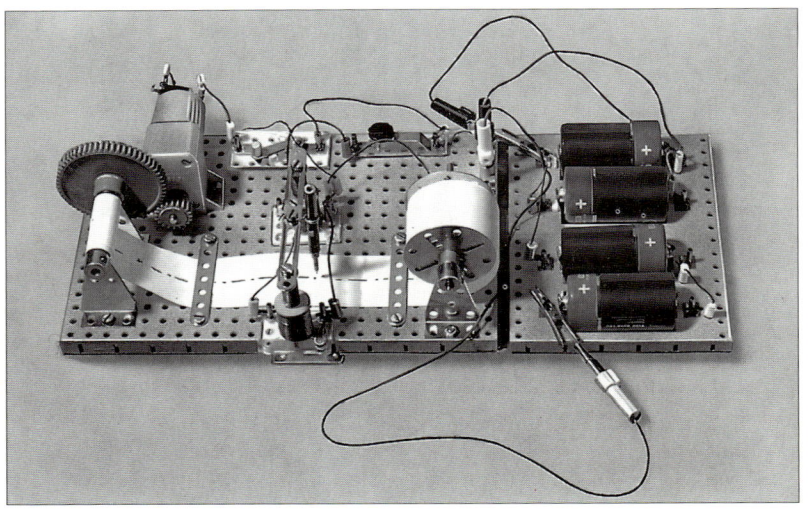

Ein Licht das rhythmisch leuchtet

Alle Lichtquellen – z. B. Sonne, Blitz, Glühlampe – senden Licht aus. Das Licht breitet sich in alle Richtungen aus. Trifft das Licht auf Gegenstände, so wird es zurückgeworfen oder von dem Gegenstand aufgenommen.

Treten Lichtstrahlen in das Auge ein, so sehen wir entweder die Lichtquelle oder den Gegenstand der das Licht zu uns zurückwirft.

Licht ist geeignet, Informationen zu übertragen. Dabei kann man die Farbe des Lichtes oder die Dauer der Lichtsignale zur Informationsübertragung nutzen. Beispiele der Nachrichtenübertragung mit Licht sind Lichtwellenleiter, Eisenbahnsignale, Ampeln.

Modelle der Nachrichten- und Steuerungstechnik
Ein Licht das rhythmisch leuchtet
112 | **Die Verkehrsampel**

Die Verkehrsampel

Die ersten Versuche, den Straßenverkehr mittels Ampeln zu regeln, gab es bereits 1868 in London. Dort wurden an einer Kreuzung Signalarme mit roten und grünen Gaslampen aufgebaut. Rot bedeutete Halt und Grün freie Fahrt. Lange standen diese Ampeln aber nicht, da sie nach kurzer Zeit explodierten. Bei dieser Explosion kam ein Polizist ums Leben.

Die nächsten Versuche, Verkehrsampeln einzusetzen, gab es erst 1914 in Cleveland im US-Bundesstaat Ohio. Diesmal wurden elektrische Lampen verwendet. Heute ist ein reibungsloser Verkehr ohne Ampeln kaum noch vorstellbar.

Modelle der Nachrichten- und Steuerungstechnik
Ein Licht das rhythmisch leuchtet
Die Verkehrsampel | **113**

Versuche eine einfache Verkehrsampelanlage zu konstruieren.

Dazu benötigst du:

- drei verschiedenfarbige Glühlampen (rot, gelb, grün)
- drei Tastschalter
- eine Spannungsquelle (Batterie)

So kannst du vorgehen:

- Verbinde jeweils einen Schalter und eine Glühlampe durch die elektrischen Leitungen mit der Spannungsquelle.
- An einer Verkehrsampel kannst du die Schaltzeiten für die einzelnen Rot-, Gelb- und Grünphasen ermitteln und dann an dem Modell der Ampel ausprobieren.

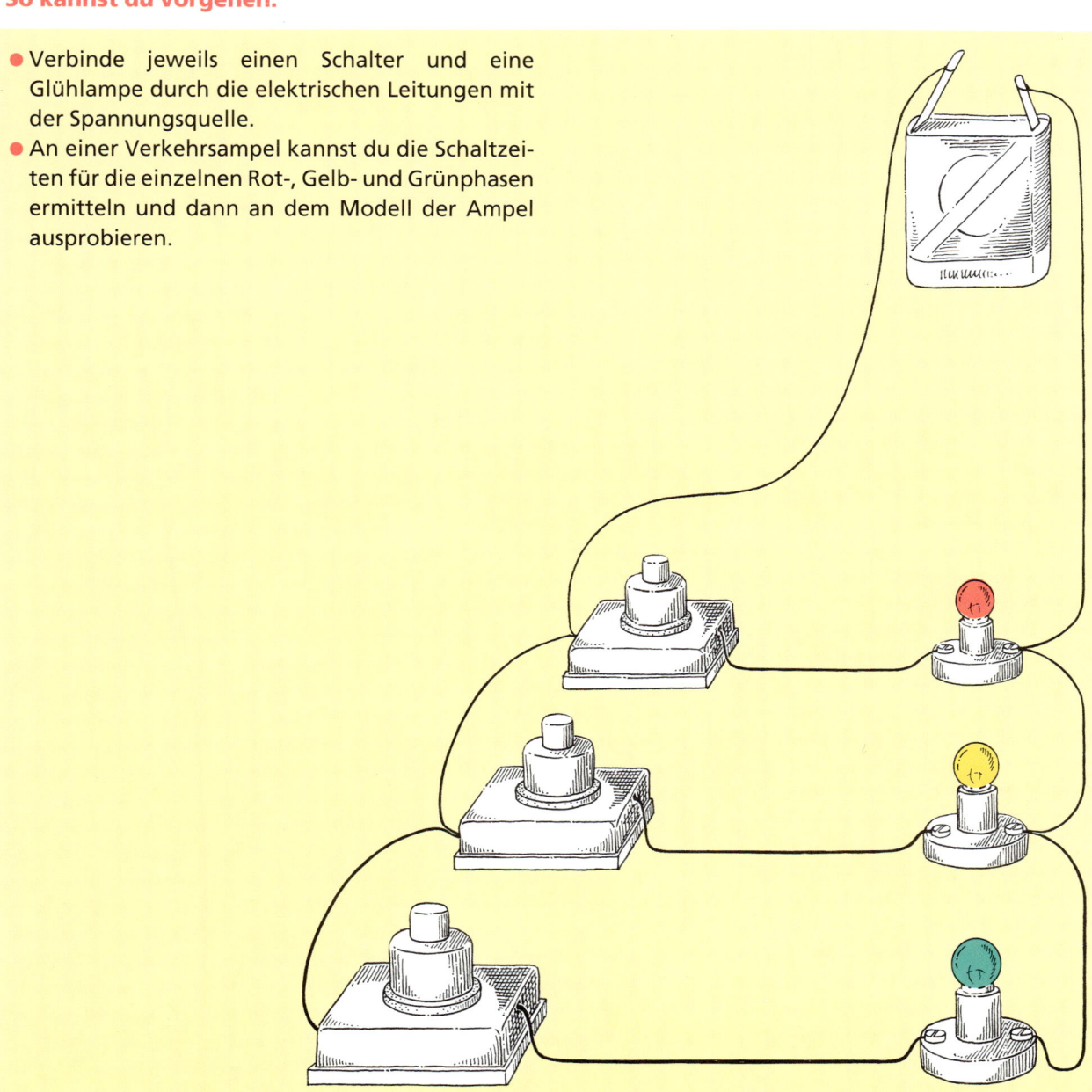

Modelle der Nachrichten- und Steuerungstechnik
Ein Licht das rhythmisch leuchtet
114 | **Die Verkehrsampel**

Vergleichen wir unseren Versuchsaufbau mit der Ampelanlage an einer Straßenkreuzung, so stellen wir fest, daß sich die Schaltvorgänge in einer realen Ampelanlage in bestimmten Zeitabständen automatisch wiederholen.

Welche Lösungsmöglichkeiten schlägst du vor?

Es müßte uns gelingen, die Reihenfolge des Leuchtens der einzelnen Lampen, die Zeitdauer des Leuchtens und den Zeitabstand in einem Programm zu speichern. Wir benötigen einen sogenannten „Programmträger".Eine einfache Art eines Programmträgers ist der Nocken.

Baue den abgebildeten Versuch auf.

Dazu benötigst du:

- eine Flachbatterie
- eine Glühlampe mit Fassung
- eine Holzplatte
- eine Holzscheibe mit Schraube als Nocken
- ein Gestell und
- einen Metallstreifen mit Schraube

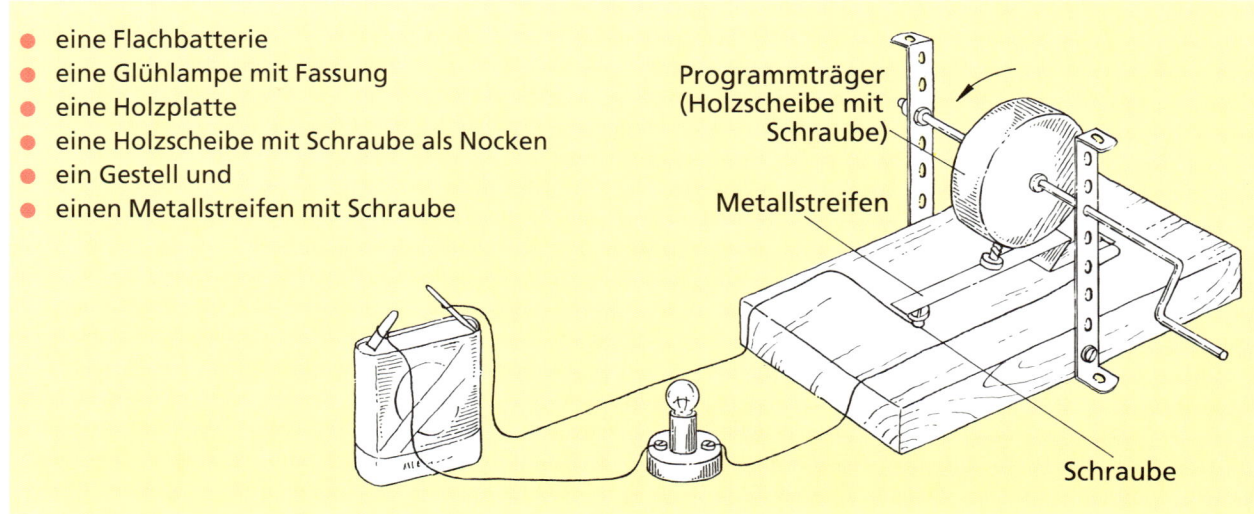

Programmträger
(Holzscheibe mit Schraube)

Metallstreifen

Schraube

Achte darauf, daß bei jeder Umdrehung der Scheibe der Stift die Metallstreifen des Schalters zusammendrückt. (Durch Hinein- oder Herausdrehen der Schraube kann die Stiftlänge verändert werden!) Erweitere dein Modell durch zwei weitere Nocken und schließe die anderen Lampen an.

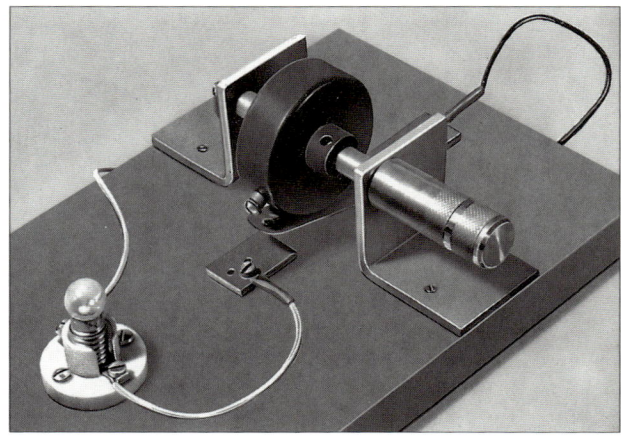

Modelle der Nachrichten- und Steuerungstechnik
Ein Licht das rhythmisch leuchtet
Die Verkehrsampel | **115**

Eine andere Lösung stellen wir nun vor, baue sie „einfach" nach.

Hierbei soll die Funktion der drei Nocken in einem Bauteil vereinigt werden. Als Hilfsmittel verwende eine Blechdose (Kondensmilchdose).

Hierbei kann ausgenutzt werden, daß Blech den elektrischen Strom leitet. Deshalb sollte zunächst das Papier entfernt werden, mit dem die Blechdose beklebt und beschriftet ist.

Drehen wir bei dem obigen Versuchsaufbau die Blechdose, so müßten die Lampen ständig leuchten. Das entspricht nicht unserer Absicht.

Überlege, wie ein rhythmisches Leuchten und Erlöschen erreicht werden kann.

Richtig! Der Strom darf nicht immer fließen.

Um die einzelnen Leuchtphasen zu erreichen, muß die Mantelfläche des Zylinders (Dosenwand) verändert werden.

Stelle dir die Dosenwand abgewickelt vor. Zeichne die Felder ein, von denen Strom für die einzelnen Glühlampen abgenommen werden soll.

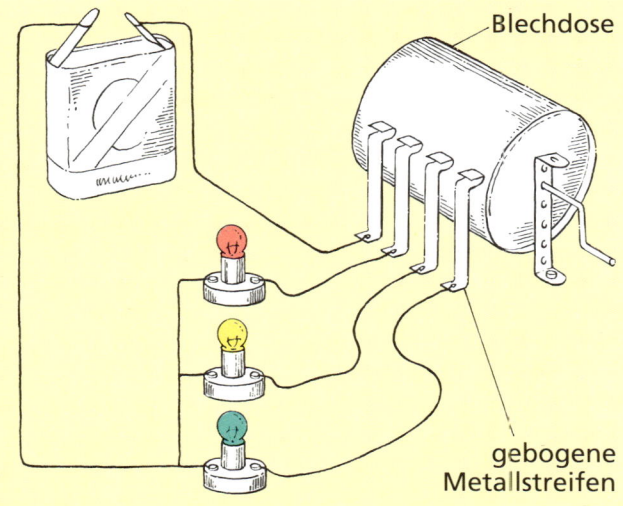

Blechdose

gebogene Metallstreifen

Modelle der Nachrichten- und Steuerungstechnik
Ein Licht das rhythmisch leuchtet
116 | **Das Eisenbahnsignal**

Das Eisenbahnsignal

Wie beim Straßenverkehr sind auch bei der Eisenbahn vielfältige Sicherungsmaßnahmen notwendig. Schnelligkeit und Sicherheit sind für die Eisenbahn das oberste Gebot. Im Personenverkehr setzt die Bahn zunehmend Intercity-Züge ein. Sie fahren zwischen den Großstädten mit Geschwindigkeiten von 250 km/h.

Der Hochgeschwindigkeitszug ICE erreichte 1988 mit über 400 km/h einen neuen Rekord.

Je schneller Züge fahren, desto mehr muß für die Sicherheit getan werden. Mehr und mehr wachen Computer über die Streckenabschnitte. Elektrische Signale, Lichtanlagen und Weichen werden vom Stellwerk aus ferngesteuert. Elektrische Signale kennt ihr auch von Modelleisenbahnanlagen. Auch hier werden verschiedene Streckenführungen und dazugehörige Weichen verlegt, die das Passieren jedes Zuges am Bahnhof gestatten. Hat ein Zug am Bahnhof angehalten, so darf kein zweiter Zug auf das gleiche Gleis fahren. Signalanlagen sind zu beachten.

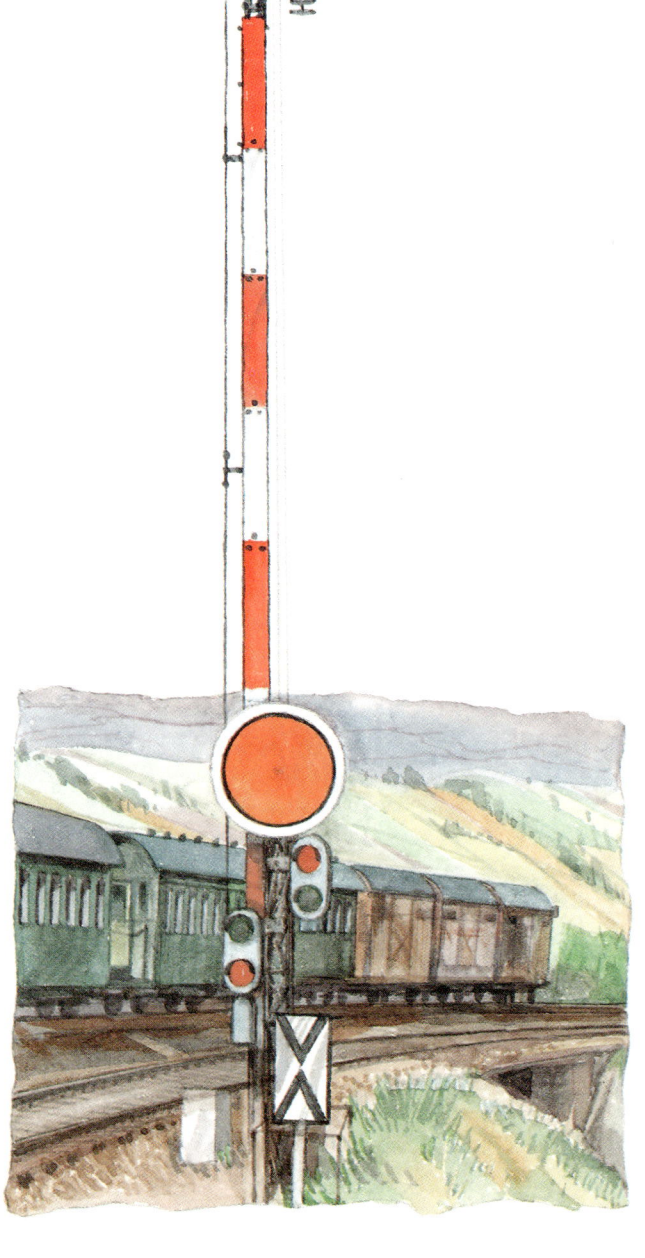

Modelle der Nachrichten- und Steuerungstechnik
Ein Licht das rhythmisch leuchtet
Das Eisenbahnsignal | **117**

Wir wollen eine elektromagnetische Signalanlage konstruieren.

Wir wissen, daß bei Signalstellung „Halt" die rote Lampe leuchtet und bei Signalstellung „Fahrt frei" die grüne Lampe leuchtet.

Dazu benötigst du:

● Elektromagnet (Spule mit Eisenkern)
● zwei Glühlampen (rot, grün)
● einen Signalmechanismus mit „Signalkelle"
● eine Spannungsquelle (Flachbatterie) und
● einen Umschalter

So kannst du vorgehen:

● Vervollständige den Schaltplan und baue nach der Prinzipskizze das Modell auf.
● Führe die Funktionsprobe durch.

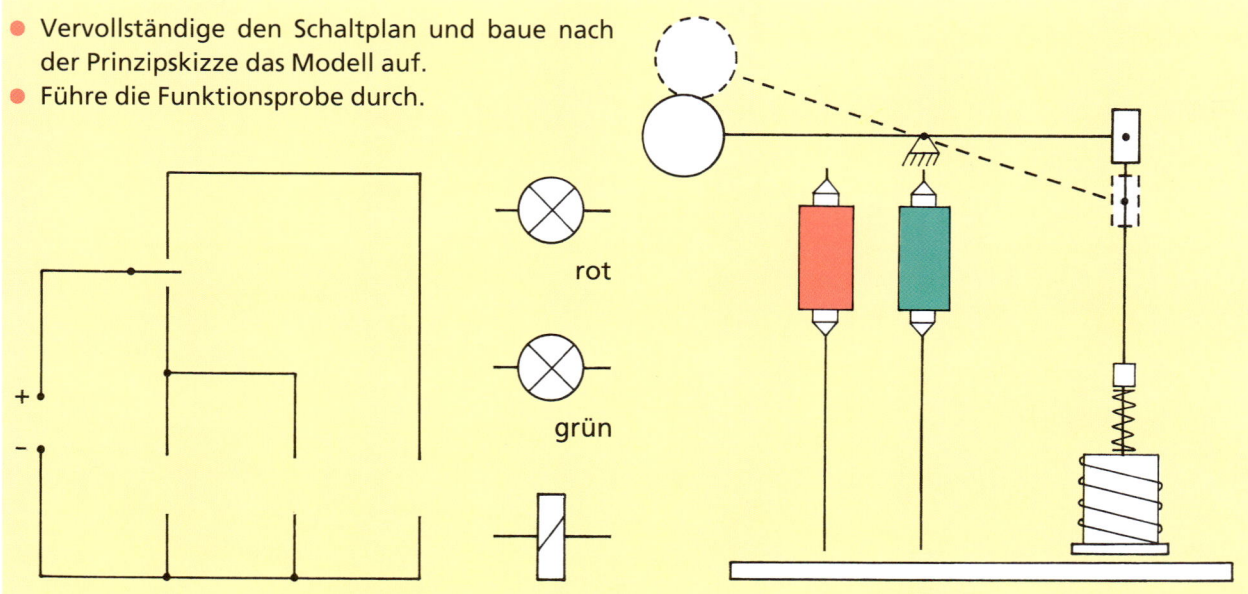

Mit Hilfe des elektrischen Stromes können Signale erzeugt und auch übertragen werden. Signale sind Träger von Informationen.
Bei der Eisenbahn gibt es vielfältige Signale. Die wichtigsten Fahrsignale sind heute ferngesteuerte Lichtsignale.

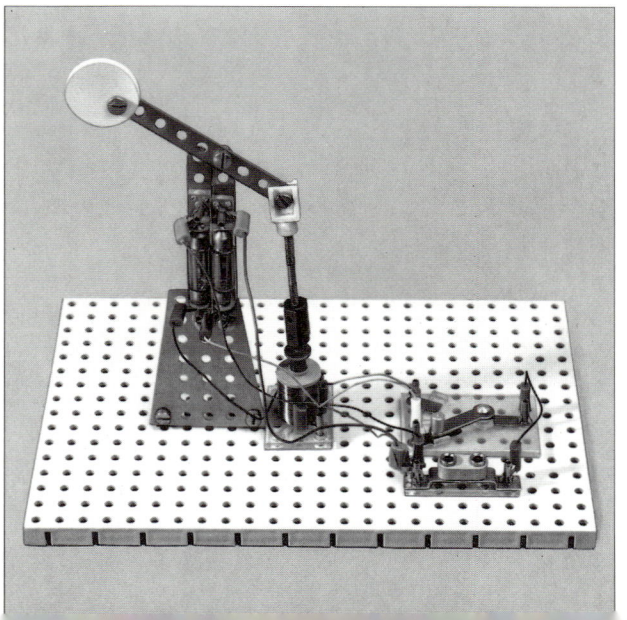

Modelle der Nachrichten- und Steuerungstechnik
Ein Licht das rhythmisch leuchtet
118 | **Die Warnblinkanlage**

Die Warnblinkanlage

Ähnlich wie an Straßenkreuzungen sind auch Bahnübergänge mit einer Signalanlage ausgerüstet. Die Blinkanlage am Bahnübergang soll die Aufmerksamkeit der Passanten darauf richten, daß sich ein Zug nähert und das Verbot zur Überquerung der Schienen signalisieren.

Die Warnblinkanlage an einem Bahnübergang erzeugt optische und akustische Signale.

Erläutere die optische und akustische Signalgebung am Bahnübergang.

Modelle der Nachrichten- und Steuerungstechnik
Ein Licht das rhythmisch leuchtet
Die Warnblinkanlage | **119**

Baue ein Modell für einen Bahnübergang.

Dazu benötigst du:
- eine Spannungsquelle (4,5V)
- eine Glühlampe mit Fassung
- eine Hupe oder einen Summer
- das Warnkreuz mit Gestell
- einen Stellschalter
- einen Überstromschalter

Der Überstromschalter schaltet die Glühlampe und die Hupe bei geschlossenem Stromkreis automatisch ein- und aus. Die Funktion beruht auf den Wirkungen eines Bimetalls.

Ein Bimetall (bi=zwei) ist ein Metallstreifen, der aus zwei fest miteinander verbundenen Lagen von Metallen mit unterschiedlicher Ausdehnung bei Temperaturänderung besteht. Durch die unterschiedliche Ausdehnung der Metalle krümmt sich der Schaltkontakt und schließt oder unterbricht den Schaltkreis.

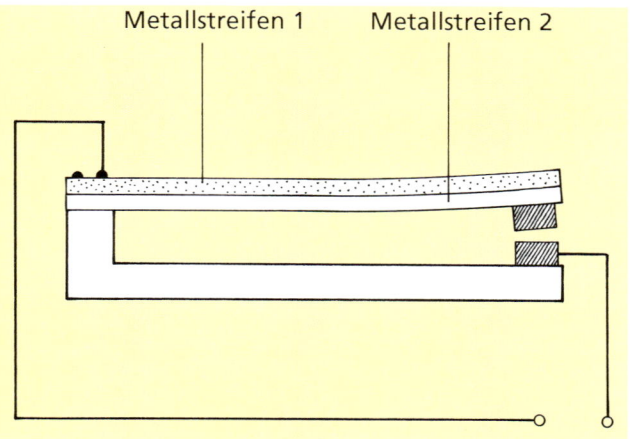

Metallstreifen 1   Metallstreifen 2

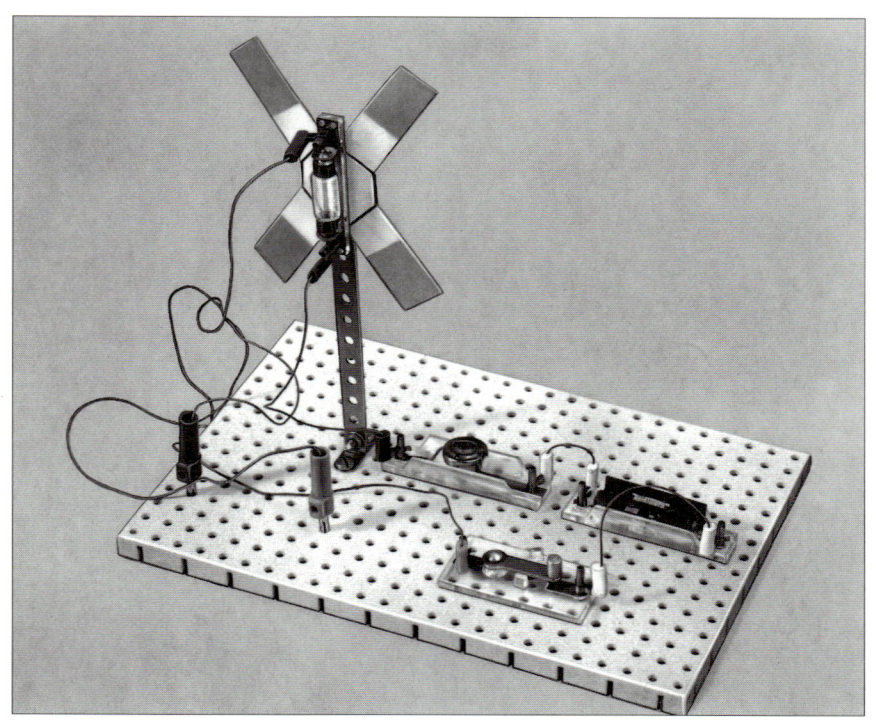

Quellenverzeichnis der Abbildungen

Illustrationen:

Roland Jäger S. 48, 50, 52, 89, 90, 92, 96, 98, 102, 105, 106, 108, 111, 112, 116
Katharina Knebel S. 73, 74, 76
Karl-Heinz Wieland S. 5, 6, 8, 10, 14, 15, 16, 23, 24, 26, 30, 31, 32, 34, 36, 38, 42, 79, 80, 82, 86, 118
Wolfgang Zieger S. 55, 56, 58, 60, 62, 66, 70

Fotos:

Gustav Aberle S. 37 (2, unten), 40, 41 (unten), 47 (rechts oben), 69 (2, unten)
Sebastian Banse S. 9, 13, 18, 25, 29 (2), 30, 45 (2), 57, 61, 63, 64, 65, 69 (2), 78, 94, 95 (3), 97, 101, 110 (2), 114, 115, 117, 119
Volker Döring Titel
Siegfried Herrmann S. 35, 37, 41, 44
Brigitte Kleszak S. 7, 19, 22
Brigitte Sellent S. 44 (links unten), 47 (2)
Klaus Wiezorreck S. 59